(4.) ♡ Engel Hélena Zen...

× 10. Jun...

in Fra...

(5.) ... Amybeth ...

× ...November 2001

(Dieser Buch ... bis
8. Nov. 2021 ... laten weg-gestellt)

Nebenbeinhinweis →

Kein Bezug
zu Amybeth, Laura, Philu

... de
„weiße Lady" mit Lava-Praktikanten
Kurve bei der
Kapstadt-... mit Reisen ...
... die „weiße Lady" ...
in Kürze zur
Prince-Edward-Island fährt.

... Amybeth,
... Ehe gedacht ...
nicht ein Bezug zu Philu,
die sich in ... scheinbaren
... beim
Schiffs... ...praktikum
von einem Filipino nichts erklären
lassen wollte.

JACQUELINE STRAUB

Kickt die Kirche aus dem Koma

JACQUELINE STRAUB

Kickt die Kirche aus dem Koma

Eine junge Frau fordert Reformen jetzt

Patmos Verlag

VERLAGSGRUPPE PATMOS

PATMOS
ESCHBACH
GRUNEWALD
THORBECKE
SCHWABEN

Die Verlagsgruppe
mit Sinn für das Leben

Für die Verlagsgruppe Patmos ist Nachhaltigkeit ein
wichtiger Maßstab ihres Handelns. Wir achten daher
auf den Einsatz umweltschonender Ressourcen und
Materialien.

Umschlaggestaltung: Finken & Bumiller
Das Umschlagfoto zeigt die Autorin. © Meli Straub
Satz: Stefan Weigand / wunderlichundweigand
Druck: CPI books GmbH, Leck
Hergestellt in Deutschland
ISBN 978-3-8436-1099-5 (Print)
ISBN 978-3-8436-1100-8 (eBook)

Inhalt

EINLEITUNG
Allerhöchste Zeit, es anders zu machen

Die Kirche steht heute bei vielen Menschen nicht mehr sonderlich hoch im Kurs. Aber merkwürdigerweise scheint sie sich damit abgefunden zu haben. Von Bischöfen kommt immer wieder einmal der entschuldigende Hinweis, dass in Afrika und Asien die Kirche wächst. Fast wie zum Ausgleich dafür, dass sie in Europa an Bedeutung verliert. Man kann den Eindruck gewinnen, hier habe die Kirche schon resigniert, Europa innerlich schon aufgegeben: Die Musik spielt künftig woanders, da kann hier getrost allmählich das Licht ausgehen.

Aber was ist mit den Menschen hier? Sind auch sie von der Kirche aufgegeben? Haben sie kein Recht auf die Frohe Botschaft? Muss die Kirche nicht auch hier der nächsten Generation das Evangelium verkünden? Sollen die Menschen, gerade die jungen Menschen, hier nichts mehr von Gott erfahren? Soll das Evangelium verstummen, die Fackel verlöschen?

Warum ist die Kirche so müde, warum ist die Weitergabe des Glaubens so mühsam geworden, und warum halten gerade so viele junge Menschen die Kirche nicht mehr für wichtig? Zu den zugrunde liegenden Problemen gehören offensichtlich die Sexualmoral, der Umgang mit Randgruppen, eine zuweilen weltfremde Sprache, die bei der Jugend nicht ankommt, Doppelmoral und Skandale. Aber dahinter steckt mehr.

7

Dietrich Bonhoeffer brachte es auf den Punkt: »Christsein ohne Jüngerschaft ist immer Christsein ohne Christus.« Die Kirche hat von Jesus den Auftrag, allen Menschen die Frohe Botschaft zu bezeugen. Dazu muss sie sich immer wieder von ihrem Ursprung inspirieren lassen und vor allem auf Christus schauen, ihn als Maß nehmen. Jesus verkündete keine Dogmen und er trat nicht hierarchisch-machtvoll auf, sondern er gab den Menschen Hoffnung; er kämpfte für eine bessere Welt und hat es sich das Leben kosten lassen. Er war in vielem so anders als die Kirche.

Deshalb frage ich: Hat die Kirche eine Zukunft, wenn sie sich nicht radikal verändert? Wer soll die Fackel weitertragen, wenn ihre Bedeutung so einknickt?

Es gibt viele Jugendliche, die durchaus eine religiöse und spirituelle Sehnsucht spüren. Viele suchen sich in der breiten Palette der Angebote einen Ersatz für die Kirche. Was kann die Kirche tun, damit sie wieder als Ort entdeckt wird, an dem junge Menschen ihre Spiritualität in Gemeinschaft leben können? Welche Formen von Gottesdienst und Glaubenszeugnis braucht die Kirche Europas jetzt, damit sie eine Zukunft hat? Und welche Reformen muss sie anpacken, damit sie wieder glaubwürdiger wird und die Menschen bereit sind, ihr zuzuhören?

Aus zahlreichen Gesprächen habe ich heraushören können, dass viele Jugendliche und junge Erwachsene auf der Suche nach einer zeitgemäßen Interpretation des Evangeliums sind, aber sich in den traditionellen Gottesdiensten kaum mehr angesprochen fühlen. Viele gerade der jüngeren Christen wünschen, sich selbst und ihre spirituellen Bedürfnisse mehr in die Gottesdienstgestaltung einbringen zu können. Dafür existieren bereits ermutigende Experimente, die darauf hoffen lassen, dass die Kirche diese neuen, mit der Tradition durchaus vereinbaren gottesdienstlichen Formen würdigt und beherzt aufgreift. Auch wenn man bei den evangelikalen Freikirchen vieles kritisch betrachten kann, ist dies ein Bereich, in dem die katholische Kirche manches von ihnen lernen könnte. Denn auf junge Menschen kann sie nicht verzichten. »Ihr seid die Zukunft der Welt, die Hoffnung der Kirche, ihr seid meine Hoffnung.« Diese Worte von Papst Johannes Paul II. aus dem Jahr 1983 an das internationale Jugendzentrum San Lorenzo in Rom fassen es treffend zusammen. Noch immer gilt: »Nur wenn wir viel wagen, können wir hoffen, wenigstens einiges zu gewinnen. Wir sollten deshalb nicht fragen: Was können und müssen wir heute noch halten?, sondern auch: Was müssen wir heute tun?«[1]

Für mich steht fest: Die Kirche muss etwas tun. Sie braucht Reformen. Jetzt. Sie darf die jungen Menschen hier nicht aufgeben. Im Gegenteil: Sie muss es sich etwas kosten lassen, die Jugend zu erreichen. Denn ohne sie wird die europäische Kirche in den nächsten Jahrzehnten zur winzigen Gemeinschaft schrumpfen. Die Jugend hat nicht nur ein Anrecht auf das Evangelium. Sie ist auch die Zukunft der Kirche.

KAPITEL 1

Im »Supermarkt der Religionen«

oder: Wie findet der Rand
zurück in die Mitte?

Werden wir zu einer »gottlosen« Gesellschaft?

Der Jesuit Wilfried Dettling schreibt: »Wer über Jugend redet, muss über die Gesellschaft reden! Die jungen Leute sind Kinder dieser unserer Gesellschaft.« Darum ist es wohl angebracht, hier darüber zu sprechen, wie unsere Gesellschaft »ist«. Wer die Gesellschaft, wer die Menschen von heute nicht versteht, wird die Jugend nicht verstehen. Und wer die Jugend nicht versteht, hat keine Zukunft.

Die Zahl der Menschen, die keiner Religionsgemeinschaft angehören, steigt unaufhaltsam. Eine Statistik des »Schweizerischen Pastoralsoziologischen Instituts« (SPI) aus dem Jahr 2017 zeigt, dass 23,9 Prozent der Schweizer Bevölkerung mittlerweile konfessionslos sind.[2] In Deutschland waren es 2016 einer Erhebung der »Forschungsgruppe Weltanschauungen in Deutschland« zufolge bereits über 36 Prozent,[3] in Österreich 2017 rund 17 Prozent, überall mit zunehmender Tendenz.[4] Unbestritten liegt ein »bislang ungebremster Säkularisierungstrend«[5] vor. Dieser wurde und wird durch die zahlreichen Kirchenaustritte und durch den Rückgang der Taufen noch verstärkt.

Viele Menschen sind heute areligiös oder religiös indifferent. Über die Hälfte der Bevölkerung bekundet ein distanziertes Verhältnis zur Religion. Insbesondere die junge Generation kann mit den Kirchen nicht mehr viel anfangen. Das Christentum spielt kaum eine Rolle mehr, und der persönliche Glaube verblasst oder droht ganz zu verschwinden.

Die traditionellen christlichen Kirchen haben nicht nur im persönlichen Umfeld der Gläubigen, sondern auch an gesellschaftlicher Relevanz stark verloren.[6] Stichworte dafür sind Säkularisierung, Entkirchlichung, Individualisierung und

Multireligiosität. Ein schleichender Wertewandel findet statt. Als in Deutschland das Grundgesetz eingeführt wurde, war die große Mehrheit der Bevölkerung evangelisch oder katholisch. Damit ist es vorbei. In der heutigen Gesellschaft hat die Kirche nur noch wenig Platz. Vor allem ihre institutionelle Gestalt und deren gesellschaftliche Rolle werden mehr und mehr in Frage gestellt. West- und Mitteleuropa gilt für den US-amerikanischen Religionssoziologen Peter L. Berger als »ein Katastrophengebiet für die Kirchen«.[7] Werden wir zur gottlosen Gesellschaft?

Dabei wird die Sehnsucht nach dem Lebenssinn nicht geringer. Die Gesellschaft ist sogar äußerst sensibel für die Gottesfrage. Wir haben nur verlernt, darüber zu sprechen. Unserer Gesellschaft fehlt es nicht an Gott, sondern an Wissen über den christlichen Glauben und an persönlicher Erfahrung mit ihm. Die Gesellschaft erlebt eine »Glaubenskrise«.[8]

Dass immer mehr Menschen die Kirchen verlassen, spricht nicht zwangsläufig für eine spirituelle Schwäche der Gesellschaft, sondern eher für eine schwindende Identifizierung der Menschen mit den traditionellen religiösen Institutionen. Gott ist nicht verlorengegangen; aber die Kirche hat verlernt, christliche Werte und Vorstellungen in eine Sprache zu bringen, die von den Menschen verstanden und als glaubwürdig erlebt wird.

Bereits die Propheten des Alten Testaments kritisierten die vermeintliche Gottlosigkeit ihrer Gesellschaft. In solchen Krisenzeiten braucht es den Mut jener, die den Glauben im Herzen tragen. Sie haben die Aufgabe, Gott und ihren Glauben zu bezeugen. Denn wie schon Goethe sagte: »Es muss von Herzen kommen, was auf Herzen wirken soll.«

Sowohl die institutionellen Kirchen als auch die einzelnen Gläubigen müssen deutlicher und vor allem mehr von Jesus Christus sprechen. Es ist die Aufgabe unserer Zeit, ihn wieder ins Bewusstsein der Menschen zu rufen. Auch wenn die Religion immer weniger Platz im Leben der Menschen hat, ist unsere heutige Kultur ohne den Glauben an Gott nicht denkbar. Mit einer immer größer werdenden Religionsferne hingegen entsteht ein religiöser Analphabetismus, der auch unsere Sprache immer stärker durchdringt und sich sogar im Umgang mit den Mitmenschen niederschlägt.

Auch wenn viele Menschen mit der Institution Kirche heute nichts mehr anfangen können, kann es eine gottlose Gesellschaft – theologisch gesprochen – nie geben. Denn Gott fehlt nicht. Die Menschen mögen Gott aus dem Blick verlieren, aber Gott entfernt sich nicht von uns, sondern wartet geduldig darauf, dass wir uns ihm wieder zuwenden. Das wusste schon der Apostel Paulus in seiner Areopag-Rede zu sagen: »Keinem von uns ist er fern« (Apostelgeschichte 17,27).

Vielen Menschen ist Gott unwichtig. Aber es gibt auch eine Reihe von Menschen, die sich die Frage nach Gott bislang schlicht noch nie gestellt haben, vielleicht auch, weil die Kirche selbst sich damit schwertut.[9] Ist es da nicht ureigene Aufgabe von Theologen und Gläubigen, diese Menschen auf die Gottesfrage hin anzustupsen? Atheisten, die für sich entschieden haben, nicht an Gott zu glauben, haben sich zumindest einmal die Gottesfrage gestellt.

Joseph Kardinal Ratzinger, der spätere Papst Benedikt XVI., stellte im März 2004 eine düstere Diagnose für das christliche Europa. Für ihn ist der Kontinent »von innen her leer«. Die Kirche befinde sich auf dem Weg der Verabschiedung.[10] Wenn man die Kraft des Christentums nur an der Zahl der Kirchgänger misst, stimmt diese Einschätzung wohl. Aber Christsein ist mehr als der sonntägliche Besuch in der Kirche. Es gibt so viele Menschen, die ihr persönliches Christsein bei Weitem nicht als »von innen her leer« bezeichnen würden. Viele haben einen lebendigen Glauben – nur eben ohne den Gang in die Kirche. Rein statistisch gesehen hat Ratzinger recht: Immer weniger Menschen interessieren sich für das Christentum. Doch ist nicht gerade das die Herausforderung einer jeden Zeit, die Menschen von Neuem für die Botschaft Christi zu begeistern? Im Hier und Jetzt? Wenn die Kirchen die Situation in Europa ernst nehmen und wirklich handeln, denke ich, ist Europa beileibe kein hoffnungsloser Fall. Aber Reden allein genügt nicht. Handeln ist angesagt.

Im »Supermarkt der Religionen«

Die Religiosität wandert in neue Formen auch außerhalb der Kirchen aus. Es entsteht ein Eigenleben der Religion, das teilweise esoterische oder mystische, charismatische oder sektiererische Züge trägt und verschiedenste Gestalten annehmen kann.[11] Die traditionellen christlichen Kirchen haben schon lange keinen Monopolanspruch mehr auf die Wahrheit. »Die gesellschaftliche Bedeutung der ›großen‹ Kirchen und die gesellschaftliche Funktion von Religion treten in erheblichem Umfang auseinander« (Wolfgang Huber).[12]

Anders gesagt: Während Religion so wichtig ist wie eh und je, schwindet die Bedeutung der Kirchen. Schätzungen gehen davon aus, dass in Berlin gegenwärtig über 250 Religions-

bzw. Weltanschauungsgemeinschaften aktiv sind. Dazu zählen auch säkulare, atheistische und esoterische Ideologien.[13] Jeder Mensch hat heute die Möglichkeit, eine »Privatreligion« zu kreieren, die zu seinem Lifestyle passt. Jedem steht heute ein reiches Angebot zur Verfügung, sich etwas zusammenzustellen. Weil sich jeder in ganz verschiedenen Traditionen bedienen und zusammensetzen kann, was ihm behagt, werden solche neue Kreationen gern »Patchwork-Religionen« genannt. Das selbstbestimmte Leben ermöglicht einem, im »Supermarkt der Religionen«[14] das zu wählen, worauf man gerade Lust hat. Die individuelle Zusammenstellung der Spiritualität verpflichtet niemanden, sich »dogmatisch oder institutionell festzulegen, sich zu binden, sich gemeinschaftlich zu bekennen«.[15] Der moderne Mensch will ja sein Leben selbstbestimmt leben. Das ist selbstverständlich eine wichtige Errungenschaft. Auch ich will mir nicht vorschreiben lassen, wann ich am Sonntag aufzustehen habe oder in welche Kirche ich gehen soll.

Jugendliche haben auf dem Sinnmarkt viele Möglichkeiten, probieren Verschiedenes aus und prüfen es auf die Tauglichkeit für ihr Leben. Die Kirche ist dabei nur eine Sinnanbieterin unter vielen. Selbst bei gläubigen und kirchennahen Jugendlichen finden sich oft Mischformen zwischen christlicher Überzeugung und anderen Traditionen. So kombinieren sie etwa den christlichen Glauben mit anderen Elementen (zum Beispiel dem Reinkarnationsgedanken). Punktuell lassen sie sich auf Religion ein, ziehen sich aber auch leicht wieder zurück. Jugendliche lassen sich nicht sofort festlegen. Sie wollen offen und flexibel bleiben. Die wenigsten wollen institutionelle Verpflichtungen eingehen, »denn diese könnten ja möglicherweise in einer sich immer schneller ändernden Gesellschaft zu wenig Flexibilität für nachfolgende Entscheidungen eröffnen«.[16]

Das heißt freilich auch: Religiosität von Jugendlichen kann kaum am Besuch des sonntäglichen Gottesdienstes gemessen werden. Viele bleiben der Kirche fern, fühlen aber in ihrem Herzen etwas, das sie als Glauben bezeichnen. Gerade von jungen Menschen höre ich immer wieder, dass das Christentum und die Forderungen Jesu, die von der Kirche gepredigt werden, nicht so recht in ihr persönliches Lebenskonzept passen wollen. Jesus als der charismatische Mensch, der ungerechte Systeme und Strukturen in Frage stellt, ja sogar anklagt, ist gern gesehen. Doch Christus, der Sohn Gottes, wird offenbar zunehmend zu einer kaum mehr vermittelbaren Glaubensdoktrin der Kirche. Hinzu kommt der Ruf in die Nachfolge. Jesus sagt ja, dass man seine Familie, sein gewohntes Umfeld verlassen soll, um ihm nachzufolgen (Matthäus 16,24). Für viele junge Menschen steht das im Widerspruch zum selbstbestimmten Handeln, ist es ein Angriff auf ihre persönliche Freiheit. Hingegen habe ich schon oft bemerkt, dass man sich sein Tun gern vom Glauben bestätigen lässt, während jener Glaube, der das eigene Leben hinterfragt, kritisiert wird. Es liegt durchaus im Trend, sich einen »Kuschelgott« zu basteln, der zu den eigenen Vorstellungen passt.

Die Zusammenstellung der persönlichen Religion ist vergleichbar mit einem Ferienaufenthalt im Ausland. Touristen picken sich einzelne Punkte heraus, die sie anschauen wollen, und auch das oft nur oberflächlich. Sobald es den Reiz des Neuen verloren hat oder aus irgendeinem Grund unbequem wird, sind sie wieder weg. So ist es auch in der heutigen »Glaubens-welt«. Im Supermarkt der Religionen sucht jeder das aus, was er gerade braucht. Das gibt es religionenübergreifend, aber auch innerhalb des Christentums. So wird ein wenig an Engel geglaubt und an Karma und Reinkarnation. Esoterik ist zum Ober- und Sammelbegriff entkirchlichter Religiosität geworden: »religion unchurched«. In Buchhandlungen existiert oft nur noch die Rubrik »Esoterik/Spirituelles«, in der höchstens noch vereinzelt theologische Bücher zu finden sind. Viele sind heute Auswahlchristen. Ich eingeschlossen.

Wir haben eine Kultur der Fülle und gleichzeitig eine Kultur der Leere und der Einsamkeit. Viele Menschen sind innerlich einsam. Sie brauchen Lärm und immerwährende Dynamik, um der Einsamkeit zu entfliehen.

In unseren Entscheidungen sind wir weitestgehend frei. Das macht uns zu Designern unseres religiösen Lebens. Unzweifelhaft bringt diese Freiheit eine große Verantwortung mit sich. Wird das Leben gelingen, wenn ich es selbst gestalten kann (aber eben auch selbst gestalten muss)? Hier fühlen sich viele Menschen überfordert. In ihrer Suche nach Sinn werden Jugendliche manchmal die »ersten Opfer von Schall- und Rauchverkäufern«, warnt Papst Franziskus.[17]

Ein schönes Zitat von Peter Hahne heißt: »Wer vor Gott kniet, kann vor Menschen geradestehen.« In unserem selbstbestimmten Leben fehlt oftmals die Demut. Demut ist nichts Negatives. Ganz im Gegenteil. Demut heißt, sich von Gott in Dienst nehmen zu lassen; sie heißt, das zu tun, was eben zu tun ist, und das kann klein und unscheinbar sein oder groß und spektakulär und Mut erfordern. Gott und der Glaube an ihn - so habe ich die Erfahrung gemacht - engen uns nicht ein.

Dadurch verliert unser Leben nicht an Qualität oder muss irgendetwas einbüßen. Im Gegenteil: Der Glaube trägt dazu bei, dass unser Leben erfüllt wird.

Dennoch: Will das Christentum auf dem großen Markt der Sinnangebote bestehen, muss es wieder deutlicher Jesus in den Mittelpunkt stellen. Es muss bereit sein zu Reformen und Veränderungen, die ihn deutlicher hervortreten lassen. Die Gotteskrise in unserer Gesellschaft zu beklagen, führt nicht weiter, im Gegenteil. Bei kirchenkritischen Menschen führt es zu Distanz bis Ablehnung, weil sie sich nicht verstanden fühlen.[18] Es geht darum, dass die Kirche eine Christusbegegnung ermöglicht – oder sie wird morgen nicht mehr sein.

Der »anonyme Christ«

Heute sind »anonyme Christen«, wie es Karl Rahner[19] einmal sagte, immer häufiger anzutreffen. Es sind Menschen, welche die christlichen Werte grundsätzlich schätzen und leben, die sich also etwa von der Nächstenliebe leiten lassen, sich aber dennoch nicht als Christen betrachten würden. Andererseits kenne ich einen Familienvater, der sich selbst als Atheisten bezeichnet und doch seine Kinder in den Religionsunterricht schickt, damit sie die christlichen Werte kennenlernen. Er ist der Meinung, dass diese Werte und eine Grundausstattung an Bibelwissen sehr wichtig sind.

Ich glaube, dass es viele »anonyme Christen« gibt, welche die christlichen Werte durchaus akzeptieren, aber nicht Christen im engeren Sinne genannt werden wollen, da sie keine aktive Gebetspraxis pflegen und kaum die Kirche besuchen.

Ich kann mir vorstellen, dass manche sich vielleicht auch deshalb selbst so sehen, weil sie dann nicht öffentlich das Etikett »Christ« tragen. Wer ein bekennender Christ ist, muss ja damit rechnen, sich für seinen Glauben und seine Werte rechtfertigen zu müssen, sich von anderen Werten und Weltanschauungen anfragen lassen zu müssen, am hohen Anspruch gemessen zu werden. Ich kann es verstehen, wenn manch einer sich dieser »Gefahr« nicht aussetzen will.

Dennoch bin ich der Meinung, dass in denen, die es vorziehen, so zu leben, als wären sie »anonyme Christen«, ein großes Potenzial steckt, das gefördert werden müsste. Ich glaube, dass diese Menschen in ihrem Leben von der Kirche begleitet werden sollten, damit sie den Mut aufbringen und dann auch Freude daran finden können, sich auf ein Leben als bekennende Christen einzulassen. Denn das ist durchaus nicht immer einfach.

Törichte Religion?

Gläubige Menschen werden in der heutigen Gesellschaft manchmal schief angeschaut. Damit meine ich nicht etwa nur eine Muslima, die ein Kopftuch trägt. Auch Christen stehen mittlerweile unter Rechtfertigungsdruck. Wie oft musste ich mich schon für meinen Glauben rechtfertigen! Wie oft wurde mein Glaube in Frage gestellt! »Christen glauben an Jesus von Nazaret. Wie soll dieser Mensch Gott gewesen sein?«, höre ich immer wieder. Schon die ersten Christen wurden für verrückt erklärt: Im Ersten Korintherbrief bezeichnet der Apostel Paulus das Kreuz als »Torheit« in den Augen der Welt. Jene, die an das

Kreuz – und alles, was damit verbunden ist – glauben, werden für närrisch gehalten. Doch, so fügt er hinzu,»das Törichte an Gott ist weiser als die Menschen und das Schwache an Gott ist stärker als die Menschen« (1 Kor 1,25).

Ein Professor erzählte einmal von einem Straßenbahn-Erlebnis: Einige Schüler unterhielten sich über das Thema Trinität, den einen Gott in drei Personen, an den die Christen glauben. Eine Teenagerin versuchte, gut zu argumentieren, um die Trinität plausibel zu erklären. Sie rief ab, was sie im Religionsunterricht gelernt hatte. Doch das war für die anderen Teenager – darunter Konfessionslose und Muslime – entweder zu wenig oder zu kompliziert. Sie schauten sie verdutzt an, als ob sie eine Außerirdische vor sich stehen hätten.

Ich finde es schön, wenn junge Menschen solche Diskussionen führen, aber ich habe erfahren, wie es sich anfühlt, den eigenen Glauben erklären zu müssen und dabei nur auf Skepsis zu stoßen. Es ist nicht einfach. Und klar ist: Die nächsten Generationen werden es noch schwerer haben, wenn sie überhaupt noch darüber sprechen. Ein verunsichertes Christentum führt dazu, dass viele, namentlich junge Menschen, sich nicht mehr von der christlichen Botschaft angesprochen fühlen. Sie sehen sich nicht mehr in der Lage, sich hinzustellen und dafür einzustehen. Insbesondere für junge Menschen ist es schwer, sich ständig verteidigen zu müssen, da man in dem Alter nicht ständig hinterfragt werden will.

Vor etlichen Jahren war ich bei einem Podiumsgespräch, bei dem sich eine Katholikin, eine Muslima und ein Atheist unterhielten. Obwohl die Katholikin sehr vieles an der Kirche kritisierte und sich ausdrücklich für Reformen einsetzte, wurde sie vom atheistischen Podiumsteilnehmer und vom Publikum derart hart angegriffen, als wäre sie »die katholische Kirche« persönlich. Ihr wurde die Verantwortung für die Missbrauchsfälle und für die starre kirchliche Struktur vorgehalten. Sie, die die Skandale verurteilte und sich für Reformen aussprach, wurde angegriffen, weil sie Teil des Ganzen war. Ich fand dieses Verhalten sehr unangemessen und habe mich für unsere Gesellschaft geschämt dafür, dass viele nicht mehr differenzieren können zwischen einer Person, die ein Kind missbraucht hat, und einer Person, die das verurteilt, aber Mitglied derselben Institution ist.

Glaubens-Mobbing

In meiner Jugendzeit wussten meine Klassenkameraden, dass Gott für mich eine wichtige Rolle im Leben spielt. Von manchen wurde ich belächelt. Das störte mich aber nicht weiter. Doch was ich unangemessen fand, war das Verhalten meines Mathematiklehrers. Er war Atheist und machte sich ständig über mich lustig. Da ich in Mathe eine Niete war, machte er immer böse Sprüche. Immer wieder sagte er: »Wenn es Gott geben würde, müsstest du besser in Mathe sein.« Oder aber: »Dein Gott hat dir schon wieder nicht geholfen«, rief er durchs Klassenzimmer und legte mir meine Klassenarbeit auf den Tisch.

Irgendwann hatte ich genug davon. Da ich die Fragen der Mathe-Klausur ohnehin nicht beantworten konnte, bereitete ich mich auf diese Prüfung etwas anders vor. Ich überlegte mir schwierige theologische Fragen und schrieb eine davon unter jede Aufgabe. Ab dem Zeitpunkt musste ich mir nie wieder etwas über meinen Glauben anhören; er hatte gemerkt, dass

Mathematik mir einfach nicht liegt, dass ich hingegen mit theologisch-philosophischen Fragen vertraut bin.

Ich musste in meiner Jugend lernen, mit Sticheleien und Anfeindungen umzugehen, habe es aber geschafft, weil mir mein Glaube sehr viel Kraft geschenkt hat. Für viele andere Jugendliche, die sich in der Kirche engagieren, ist es nicht immer so einfach. Ihre Religionszugehörigkeit kann sie bei Gleichaltrigen zu Außenseitern abstempeln.[20] Erfahrungsberichte auf katholisch.de zeigen die Realität von gläubigen Jugendlichen: »Manchmal versuche ich, mich auch im Religionsunterricht ein wenig mit Meldungen zurückzuhalten, da man sonst nach der Stunde wieder als ›hobbyloser Relistreber‹ deklariert wird.« Oder aber: »Grundsätzlich werde ich dafür nicht gemobbt, aber ab und zu kommt ein abfälliger Kommentar, da es eben mit Kirche zu tun hat.« Auch abfällige Kommentare sind eine Form von Mobbing, die eine Person, vor allem einen jungen Menschen, in eine Zwangslage versetzen können, an der sie zerbrechen. Meist bleibt es bei verbalen Äußerungen, dennoch gibt es auch Fälle, wo böse Kommentare von Jugendlichen in körperliche Gewalt übergingen. Viele wissen nicht, wie sie auf abfällige Bemerkungen und verbale Angriffe reagieren sollen. Da Jugendliche sich in einer sensiblen Phase befinden, kann Glaubens-Mobbing sogar bleibende Schäden hinterlassen. Wer weiß, dass man sich ständig für den Glauben oder das Engagement in der Kirche rechtfertigen muss, hat Scheu davor, sich zu outen. Womöglich entfernen sich die betroffenen Jugendlichen langsam von ihrem kirchlichen Engagement oder ihrem Glauben, da das Leben unter den Gleichaltrigen dann angenehmer ist.

Einzig in einem christlich sozialisierten Umfeld, in dem der Glaube und die Kirchenzugehörigkeit nicht in Frage gestellt werden, geraten Jugendliche nicht in einen Rechtfertigungszwang und können sich unter Gleichgesinnten austauschen. In einer Gesellschaft, in welcher der Glaube (wie in vielen muslimischen oder sehr christlichen Ländern) zum Alltag gehört, ist es für Jugendliche einfacher, diese Lebensform anzunehmen. Ebenso müssen junge Theologiestudierende erst lernen, nicht immer gleich in die Defensive zu gehen und sich dafür zu entschuldigen, zu glauben und später einmal in der Kirche arbeiten zu wollen.

Eine 18-jährige Schülerin sagte mir, dass sie am Glauben durchaus interessiert sei; allerdings wisse sie nicht, wie sie ihn auch leben könne, denn mit ihren Freunden sei es fast nicht möglich, über Gott zu sprechen. Gerade junge Menschen stehen große Ängste aus, wenn sie zu einer Gruppe gehören wollen. Sie wollen akzeptiert werden und fragen sich: Welche Verhaltensweisen sind hier angebracht? Habe ich die richtige Kleidung, das richtige Smartphone? Sie werden auf ihre Coolness gescannt. Da die Kirche nicht gerade als cool gilt, ist es besonders für Jugendliche, die einen aufkeimenden Glauben in sich tragen, in solchen Gruppen nicht einfach. Aus Angst, ins gesellschaftliche Abseits zu geraten, schweigen einige oder passen sich den herrschenden Gruppenvorstellungen an.

Und das geht nicht nur jungen Leuten so. Die meisten Christen leben heute in einem Umfeld, das mit dem christlichen Glauben nichts mehr anfangen kann oder diesen gar ablehnt. Wer heute glaubt, muss sich rechtfertigen. Man wird mit dem Versagen der Kirche konfrontiert, mit Argumenten aus der Naturwissenschaft, der Emanzipation, der Theodizee (also der unlösbaren Frage, wie der gute und allmächtige Gott unverschuldetes Leid zulassen kann) oder postmoderner Toleranz.[21] Da keiner belächelt, gemieden, ausgegrenzt oder ständig hinterfragt werden möchte, ziehen es viele Christen vor, über ihren Glauben zu schweigen.

Nicht Weltflucht, sondern Nestflucht!

Immer wieder höre ich, dass Christen sich in eine »andere Welt« flüchten würden. Wenn ich Gleichaltrigen begegne und sage, dass ich Theologie studiert habe, wundern sich fast alle. Sie hatten wohl ein anderes Bild von Christen oder Theologen im Kopf und sind nun vielleicht erstaunt darüber, eine Katholikin kennenzulernen, die anders ist als ihre Vorstellungen.

Der Begriff »Weltflucht-Christen« kann auch positiv interpretiert werden. Der heutige Christ muss ein »Weltflucht-Christ« sein. Er oder sie muss *in die* Welt flüchten.[22] Nicht in eine andere, sondern in diese konkrete Welt, die vor unserer Haustür liegt. Ein Nestflüchter sein. Das bedeutet, dass man hinausgehen und auch mal über sein eigenes Milieu hinausschauen muss. Nestflucht-Christen sind Menschen, die aus ihrer Wohlfühlzone heraus- und dort hingehen, wohin sie vielleicht sonst nicht gingen. Nestflucht-Christen setzen sich mit anderen Religionen und Weltanschauungen auseinander, stempeln keinen ab, nur weil er oder sie eine andere Meinung, einen anderen Lebensstil, eine andere Orientierung hat. Nestflucht-Christen flüchten *in* diese Welt, weil sie wissen, dass das Christsein immer nur konkret in dieser Welt verwirklicht werden kann. Sie wissen, dass man ein wahrer Christ nur sein kann, wenn man sich auf diese Welt einlässt.

Die christliche Kirche muss, wenn sie hierzulande überleben will, eine erfahrbare und erlebbare Kirche werden, die dem konkreten Leben Sinn und Orientierung gibt, eine Kirche, in der die Begegnung mit Gott hier und heute erfahrbar ist und die nicht auf ein Jenseits vertröstet.[23] Gerade junge Menschen wollen ergriffen werden in dem, was sie tun. Sie wollen etwas erleben – auch wenn es um den Glauben geht. Es ist eine große Herausforderung für die Kirche, denn der Markt für Sinnangebote wird nicht kleiner. Wir müssen die Frage stellen: Was ist die Kernbotschaft des Christentums? Und wie verkünden wir sie? Denn ja, in der Kirche Europas herrscht eine Glaubenskrise.[24] In meinem Umfeld gibt es nicht mehr viele Menschen, die wirklich so glauben, wie es die katholische Kirche in ihren Dogmen festgeschrieben hat. Wer eine Sehnsucht nach Spiritualität hat, bastelt sich seine Religion selbst zusammen. Warum dann noch die katholische Kirche? Warum nicht lieber von allem ein bisschen, da es sich so gut und praktisch anfühlt?

Ich glaube, dass die Glaubenskrise in Kirche und Gesellschaft auch eine Chance ist. Wir müssen als Kirche unsere Identität überdenken, neue Wege finden, wie man die Menschen, vor allem junge Menschen, anspricht, um ihnen den Glauben näherzubringen. Wir müssen aktiv werden. Um anderen ein spirituelles Zuhause zu ermöglichen, müssen wir selbst das warme Nest verlassen. Die Kirche braucht Nestflucht-Christen!

Ohne Jugend keine Kirche

Fakt ist, dass sich immer weniger Menschen der Kirche zugehörig fühlen. Das gesellschaftliche Leben ist gekennzeichnet von Pluralität, in der alles erlaubt ist, solange es keinem wehtut.

Diese Pluralität wird auch in den Kirchen, namentlich auch innerhalb der katholischen Kirche, deutlich sicht- und spürbar. Es gibt nicht mehr die eine Gemeinde, die eine Kirche, die überall gleich ist. Teilweise reicht ein Besuch in der Nachbargemeinde, um festzustellen, was dort alles anders gemacht wird. In meiner Heimatgemeinde zum Beispiel gab es sehr viele Ministranten. Die Jugendarbeit florierte, und es gab ein großes Angebot für junge Menschen. In der Nachbarpfarrei gab es kaum Ministranten und der Pfarrer war weit davon entfernt, Jugendgottesdienste einzuführen.

Wer heute in der Kirche ist, gibt dadurch seine individuellen Freiheiten nicht auf. Im Gegenteil. Auch innerhalb der eigenen Reihen muss sich die Kirche heute rechtfertigen für ihr Handeln; es wird nicht mehr alles stillschweigend an- und hingenommen.

Gerade heutige Jugendliche sind sehr kritisch. Das ist auch gut so. Denn wer aufhört, kritisch zu sein, kann nichts ändern. Ich hoffe, dass die Jugend weiterhin kritisch bleibt und sich für Veränderungen einsetzt. Ich hoffe für die Kirche aber auch, dass sie die Kritik wahr- und ernst nimmt. Denn wenn jemand immer wieder Kritik anbringt und dann sieht, dass sich nichts ändert, gibt er früher oder später auf. Und dann zieht die Jugend aus. Es ist wie in einer Beziehung. Wenn der eine Partner den anderen liebevoll darauf hinweist, dass er oder sie etwas besser machen könnte und dieser über Jahre nicht hören will, gibt es meist zwei Möglichkeiten: Der Partner findet sich mit dieser Angewohnheit ab oder er geht. Ich habe schon viele Geschichten gehört, dass Paare sich nach jahrzehntelanger Beziehung getrennt haben. Grund dafür waren eigentlich kleine Dinge, die leicht hätten geändert werden können, wie zum

Beispiel, dass der Partner die dreckigen Socken nicht immer auf den Boden, sondern direkt in die Wäschebox wirft, dass leere Gläser in die Küche gebracht werden oder dass der Partner, während der andere etwas erzählen möchte, nicht Zeitung liest. So ist es auch in der Kirche. Wenn sie nicht auf ihre Gläubigen hört, wird die Beziehung zerbrechen. Wer will sich mit einer beratungsresistenten Kirche identifizieren? Religionssoziologen sagen für die Kirchen Europas keine gute Zukunft voraus. So dürfte es mehr und mehr zu einem Rückgang der kirchlich-institutionalisierten Religion kommen. Christliche Glaubensvermittlung findet im Elternhaus nur noch sporadisch statt und bricht in den Schulen weitestgehend weg. Der christliche Glaube erscheint als eine fremde Welt, meist die Welt der Großeltern. Glaube ist für viele nicht mehr attraktiv (genug). Denn auch ohne Gott scheint das Leben ganz gut zu klappen. So spricht man schon seit Jahren von einer »Verdunstung« des christlichen Glaubens. Aber der Glaube ist nie nur Sache des Einzelnen, sondern auch der Gemeinschaft: »Kirche stirbt gerade in den Seelen ihrer Mitglieder. Und sie wird weiter sterben, wenn nicht entschlossen gegengesteuert wird«, ist Bernhard Meuser überzeugt.[25] Die Kirche hat sich damit abgefunden, dass sie aus der Mitte der Gesellschaft gedrängt wurde, da sie sich selbst an den Rand gestellt hat. Ich finde, dass sie da nicht hingehört, schließlich hat sie ihren besonderen Auftrag[26] in dieser Welt – gerade auch dort, wo es schwieriger ist, den Glauben an Gott zu vermitteln. Gerade hier hat die Kirche eine Fürsorgepflicht.

Europa darf nicht aufgegeben werden! Wenn die Kirche, die sich auf den Auftrag Jesu Christi beruft, die Menschen – und vor allem auch die Jugend – »zurücklässt«, weil sie der Meinung ist, dass man ohnehin nichts mehr ausrichten kann und die Botschaft eh nicht mehr gehört wird, nimmt sie ihren Auftrag nicht ernst und macht sich schuldig. Wir finden in Europa heute ein verunsichertes Christentum[27] vor, von dem sich gerade junge Menschen nicht angesprochen fühlen. Hinzu kommt, dass das religiöse Wissen mehr und mehr schwindet – und damit auch das Interesse an kirchlichem Wandel und an kirchlichen Reformen.

Ein »ganzer Kontinent ist dabei, sich von seinem geistlichen und damit langfristig auch von seinem geistig-moralischen Fundament zu verabschieden« (Alexander Garth).[28] Sowohl die kirchlichen Glaubensüberzeugungen als auch ein persönlicher Glaube an Gott werden für immer weniger Menschen wichtig sein. Immer weniger Menschen werden am Gottesdienst teilnehmen, und die sichtbare Gebetspraxis wird abnehmen.[29] Die Gebetspraxis wandert weitgehend ins Private ab. Gleichzeitig werden zunehmend sektiererische, freikirchliche und ultrakatholische Jugendgruppen auf der Bildfläche erscheinen.

Der Zustand der Kirche ist *dramatisch*. Es herrscht eine Kirchenverdrossenheit wie selten zuvor. Der Schweizer Kardinal Kurt Koch beschrieb noch in seiner Zeit als Bischof von Basel treffend, die richtige Bezeichnung für die Kirche scheine nicht mehr »österlich-triumphal« zu sein, sondern »karfreitaglich-depressiv«.[30] Die Trauer ist groß. Zumindest bei jenen, die noch in der Kirche sind. Ich trauere darum, dass immer mehr Menschen die Kirche verlassen oder sich innerlich vom Glauben und der Kirche verabschieden. Ich trauere vor allem darum, dass immer weniger junge Menschen den Weg in die Kirche finden und dass Kirche als eine verstaubte, ja verkorkste Institution angesehen wird. Viele Amtsträger haben versagt – und auch ein Großteil der Gläubigen! Nicht eine junge, rebellische, »gottlose« Generation schafft die Kirche ab, weil sie sich nicht mehr für diese interessiert. Es ist die Kirche selbst, die sich unter der drückenden Last des Reformstaus der letzten Jahrzehnte abschafft, indem sie sich ins Abseits der Gesellschaft kickt.[31]

Noch vor hundert Jahren lebten mehr als 80 Prozent aller Christen in Europa und Nordamerika. Heute hingegen wohnen von 2,2 Milliarden Christen zwei Drittel in Asien, Afrika und Lateinamerika. Afrika verzeichnet einen Zuwachs von 19,4 Prozent Katholiken seit 2010. »Hält der religionsdemografische Trend an, könnte das afrikanische Christentum bald den größten Block innerhalb des weltweiten Christentums bilden.«[32]

Ja, die Kirche in Westeuropa schrumpft. Aber darf der Glaube, darf das Christentum hier deswegen wie eine heiße Kartoffel fallen gelassen werden? Müssen nicht umso mehr Anstrengungen unternommen werden? Ist der Spagat zwischen Glauben und säkularer Gesellschaft unüberwindbar?

Die Kirche wird heute zumindest in Deutschland vielfach weniger als Glaubensorganisation gesehen, sondern lediglich als der größte nichtstaatliche Arbeitgeber der Bundesrepublik. Wenn das alles wäre, hätte die Kirche ihren Zweck verfehlt: für die Menschen da zu sein und ihnen Gott und die Wunder Jesu Christi zu bezeugen. Wenn die Kirche nicht mehr als Zeugin des Heils, sondern als bloße Akteurin des Gemeinwohls gesehen wird, erfüllt sie dann noch ihre Aufgabe in dieser Welt?[33]

Das Christentum hat ein starkes und eigentlich attraktives Angebot. Dieses wird in Europa nur leider sehr schlecht bis gar nicht »vermarktet«. Das Christentum will »Freude und Hoffnung, Trauer und Angst der Menschen von heute« (Gaudium et spes 1) teilen, die Frohe Botschaft verkünden und die Menschen in ihrem Leben begleiten. Die Kirche will eine grundlegende und zuverlässige Orientierung in der Welt vermitteln. Wenn wir als Kirche etwas stärker und entschlossener aufträten, so glaube ich, wäre auch weniger von einer »gottlosen Gesellschaft« die Rede. Sind nicht auch die Gläubigen der Kirche für das Kirchen-Image verantwortlich? Offenbar sind die Christen Europas schlechte Vermittler des christlichen Glaubens.

Mir scheint richtig, was mir eine 21-jährige Wirtschaftsstudentin geschrieben hat. Es ist wie eine Zusammenfassung dieses Kapitels: »Grundsätzlich trifft die Kirche einen Nerv, eine ›Marktlücke‹. Denn wo geht man hin, wenn man seine Ruhe und einfach einmal für einen Moment zu sich selber zurückfinden möchte? – In eine Kirche. Dort findet man einen Ort der Stille, der Besinnung, des Mit-sich-Seins. Es kann viele Gründe dafür geben, dass man sich nach ein paar ruhigen Minuten ohne die permanenten Reize und Einflüsse des Alltags sehnt.« Die Kirche habe ein »gutes Produkt«, sie habe »großes Potenzial«, dennoch nütze dies nur wenig, wenn die Doktrin die Menschen »erstickt«. »Die Kirche muss, um heute noch gehört zu werden, näher bei den Menschen sein. Sie muss flexibler werden. Auf mich wirkt sie oftmals verklemmt und engstirnig. Als hätte sie Angst, dass, sobald sie ein bisschen nachgibt, gleich der Kern und die Grundsätze der ganzen Kirche verschwinden. Ich bin mir aber sicher, dass dem nicht so ist.«

KAPITEL 2

Kein Respekt vor den Alten

**oder: Willkommen
in der guten alten Zeit**

Wie tickt die junge Generation?

»Die Jugend von heute [...] hat schlechte Manieren, verachtet die Autorität, hat keinen Respekt mehr vor älteren Leuten und diskutiert, wo sie arbeiten sollte. Die Jugendlichen widersprechen ihren Eltern, legen die Beine übereinander und tyrannisieren ihre Lehrer.« Dieses Zitat wird dem griechischen Philosophen Sokrates zugeschrieben. Es ist rund 2400 Jahre alt. Ca. 5000 Jahre alt ist der folgende Vermerk auf einer sumerischen Tontafel: »Die Jugend achtet das Alter nicht mehr, zeigt bewusst ein ungepflegtes Aussehen, sinnt auf Umsturz, zeigt keine Lernbereitschaft und ist ablehnend gegen übernommene Werte.«[34] Dass diese Kritik einem bekannt vorkommt, braucht niemanden zu verwundern, denn auch der heutigen jungen Generation widerfährt zuweilen dasselbe Urteil.

Dabei gibt es »die Jugend« an sich so nicht. Es gibt eine Vielzahl von unterschiedlichen Arten und Weisen des Lebens im Jugendalter. Es gibt Jugendliche, die durch ihre Familien noch Kontakt zur Kirche haben. Manche sind christlich sozialisiert worden. Die meisten Jugendlichen allerdings erfahren das selbstverständliche Hineinwachsen in den Glauben der Kirche nicht mehr. Aussagen wie »Ich bin in der Kirche, weil meine Eltern getauft sind und zur Kirche gehören« oder »weil es sich eben gehört, in der Kirche zu sein« trifft man heute nur noch selten an. Die Lebensrealität der jungen Generation hat sich stark und nachhaltig verändert. Junge Leute sind heute mit verschiedensten Religionen und Weltanschauungen konfrontiert. In Schule und Freizeit begegnet ihnen eine Pluralität von Sinnangeboten. Es wird von ihnen verlangt, dass sie eine eigene Position entwickeln, um eine reflektierte Sicht auf die Kirche und den Glauben zu gewinnen. Jugendliche fühlen sich deshalb heute weniger einem großen gemeinsamen Sinnprojekt verpflichtet, sondern folgen ihrem »individuellen Gesetz« (Georg Simmel).

Jugendliche wachsen nicht nur in pluralen Lebenswelten auf, sondern darüber hinaus in turbulenten Zeiten, die von tiefgreifenden wirtschaftlichen, kulturellen und sozialen Umbrüchen geprägt sind. Sie haben die schwierige Aufgabe, ihre Individualität selbst herauszubilden, ihre Lebensoptionen zu prüfen und gleichzeitig einen eigenen Lebensentwurf zu entwickeln. Die »Multioptionsgesellschaft«[35] verlangt von den heutigen Generationen Entscheidungen und Ausdrucksformen am laufenden Band. Junge Menschen sind auf Identitätssuche. Sie stehen vor der Herausforderung, ihr eigenes Leben zu planen, in der immer komplexer werdenden Welt ihren Platz zu finden und sich unter zunehmendem ökonomischem Erfolgsdruck zu behaupten.

Ich finde, dass die Netflix-Serie »Tote Mädchen lügen nicht« (im Englischen: »13 Reasons Why«) die heutige Lebensrealität junger Menschen trefflich ausdrückt. Die Hauptfigur ist die Schülerin Hannah Backer, die sich das Leben nimmt. Vorher spricht sie ihre Lebens- und Leidensgeschichte auf Tonkassetten, die nach und nach von jenen Jugendlichen gehört werden, die eine Mitschuld an ihrem Sterben haben – auch wenn sie sich dieser Schuld oftmals nicht bewusst sind. Die Serie zeigt, dass Jugendliche ihre ganz eigenen Probleme haben: Sie müssen herausfinden, wer sie sein wollen. Gleichzeitig wollen sie aber den Anschluss an Gleichaltrige schaffen und Freundschaften schließen. Sie müssen sich Mobbing aussetzen, sollen in der Leistungsgesellschaft gleichzeitig erfolgreich in der Schule sein und sich in der Gesellschaft engagieren.

Ein 15-Jähriger sagte mir einmal, kurz nachdem eine Klassenkameradin Selbstmord begangen hatte, dass viele Jugendliche heute gar keine Zeit mehr finden, sich mit dem Glauben auseinanderzusetzen, da sie »andere Probleme« haben. Sie müssen sich zunächst selbst finden. Erst dann können sie Gott suchen.

Zwar sagt die europäische Jugendstudie »Generation What«,[36] dass sich in Europa 85 Prozent der Jugendlichen nicht mehr für Religion interessieren. Sogar bei »katholischen Kindern und Jugendlichen zeigt sich seit einigen Jahren ein mehr oder weniger vollständiger Traditionsabbruch: Elementare Vollzüge christlicher Glaubenspraxis sind unbekannt oder werden wegen des mangelnden Unterhaltungswertes abgelehnt, fundamentale christliche Glaubensinhalte sind gar nicht bekannt oder werden zumindest rasch wieder vergessen, Sinn- und Wertentscheidungen in der konkreten Alltagswelt werden ohne religiöse Kontextualisierung und Begründung getroffen – mit dem eigentlichen Leben hat Religion nichts zu tun«, so Clauß Peter Sajak.[37]

Dennoch suchen junge Menschen nach Orientierung und Lebenssinn. Dabei spielen moralische und ethische Fragen eine große Rolle. Darüber hinaus kommen auch der Glaube und die Religion wieder ins Spiel. Deshalb interessieren sich Jugendliche auch für religiöse Sinnangebote. Denn sie stellen sich durchaus Sinnfragen und hoffen, existenzielle Antworten darauf zu erhalten. Gerade in einer schnelllebigen, widersprüchlichen und zerrissenen Welt brauchen sie Menschen, die zu ihnen stehen. Das ist eine große Chance für die Kirche, die das gemeinschaftliche Glaubensleben und starke Rituale zu bieten hat.

Doch Jugendliche kommen nicht einfach dann, wenn sie diese Fragen haben. Das geht nur, wenn sie schon vorher, von Anfang an, wissen, dass es jemand in ihrem Umfeld (Schule, Pfarrei) gibt, wohin sie sich mit ihren Fragen wenden können. Daher bedarf es noch mehr (geeigneter) Strukturen, die Jugendliche bei der Sinnsuche für ihr Leben unterstützen können. Jugendliche wollen in ihrem Leben eine flexible Verbindlichkeit, ein kritisches Gegenüber, an dem sie reifen und wachsen können. Junge Menschen suchen nach Menschen, die sie *fordern* und *fördern* – und gleichzeitig ein *Vorbild* sind.

Der Rhythmus des Lebens heute ist dynamisch und hektisch zugleich. Vielen Menschen fällt es schwer, zuzuhören und echte Beziehungen aufzubauen oder echt zu teilen. Viele Jüngere haben heute gar nicht mehr die Gelegenheit, gläubigen Menschen oder auch Gott bewusst zu begegnen. Dabei sind Themen wie die Zugehörigkeit zu einer Gruppe, Freundschaft und Familie sehr wichtig für sie. »Auch wenn junge Menschen meist kritisch gegenüber Institutionen sind, sehnen sie sich dennoch nach festen Bezugspersonen und sind bereit, Verantwortung in Kirche und Gesellschaft zu übernehmen.«[38]

Das Engagement bei Jugendlichen ist in der Tat sehr groß. Sie möchten etwas für andere Menschen tun. So gehen die einen für ein Freiwilliges Soziales Jahr in ein Entwicklungsland, andere helfen vor Ort bei der »Tafel« oder in einer anderen Einrichtung. Obwohl die Kirche auf genau den beiden Feldern stark ist, die für Jugendliche wichtig sind, nämlich Orientierung und Engagement, interessieren sich immer weniger Jugendliche für das kirchliche Angebot. Das mag daran liegen, dass es zwar viel Engagement in den kirchlichen Gemeinden gibt, aber nur wenig davon zielgerichtet für Jugendliche ausgelegt ist. Junge Menschen müssen in der Kirche mehr Gestaltungsmöglichkeiten und Freiräume erhalten. Jugendliche haben eine Sehnsucht nach Echtheit und Authentizität. Sie wollen wahr- und ernst genommen werden. Und vor allem: Sie wollen, dass man ihnen auf Augenhöhe begegnet.

Die heute 20- bis 30-Jährigen[39] werden auch »Generation ohne Eigenschaften«[40] genannt. Sie sind gut ausgebildet, aber teilweise ohne Mut und Biss. Sie sind von einem starken Ego geprägt, sie sind gesundheitsbewusst und zeigen generell ein umweltbewusstes Verhalten. Sie haben durchaus Leidenschaft für ihre Arbeit und sind leistungsbereit. Sie sind stark von der Digitalisierung geprägt, soziale Medien gehören selbstredend dazu. Viele aus dieser Generation sind wenig daran interessiert, am gesamten gesellschaftlichen Leben etwas grundsätzlich zu verändern. Soziologen pflegen sie als »Unbeteiligte« zu bezeichnen, da sie sich auf sich selbst konzentrieren und ihr eigenes sicheres Nest bauen. Zugleich halten sich aber auch viele aus der sogenannten Generation Y ungern an Regeln und stellen oft und gern Prinzipien in Frage. Sie wollen Dinge hinterfragen und Änderungen anstoßen. Meine Generation wurde nach dem Motto »Hinterfrage, untersuche und zieh dein Ding durch« erzogen.

Generell gilt in dieser Generation: vieles ausprobieren, neuen Dingen eine Chance geben – anstatt geradlinigen Lebensläufen hinterherzuhetzen. Ungefähr die Hälfte der 20- bis 30-Jährigen ist besonders freiheitsliebend, strebt nach Autonomie und schätzt flache Hierarchien. Diese jungen Männer und Frauen nehmen ein geringeres Gehalt in Kauf, wenn dafür das Arbeitsumfeld passt. Die Generation Y lebt global und medial. Internationalität und Flexibilität im Job sind hoch im

Kurs. Gleichzeitig gibt es aber auch eine »Sicherheitsgruppe«, die eher nach traditionellen Werten und Mustern lebt und Jobsicherheit, klare Hierarchien und Karrieremöglichkeiten bevorzugt.

Jugend und Werte

Die Shell-Studie 2015 zeigt, dass die Jugendlichen in Deutschland ein solides Wertesystem haben, in dem Freundschaft, Partnerschaft und Familie im Mittelpunkt stehen. Die *Familie* ist für die Jugendlichen eine *Keimzelle* ihrer Werteskala. Sie steht sowohl für Individualität als auch für Bindungsfähigkeit. 89 Prozent finden es besonders wichtig, gute Freunde, 85 Prozent einen Partner / eine Partnerin zu haben, dem / der sie vertrauen können, und 72 Prozent wollen ein gutes Familienleben führen. Und ergänzende Studien zeigen: Den jungen Menschen ist es wichtig, sich zu einer eigenständigen Persönlichkeit zu entwickeln, ihr Leben eigenverantwortlich gestalten und genießen zu können.[41]

Auch Vertrauen und Glaubwürdigkeit sind wichtige Werte für die jungen Menschen. Kinder, Jugendliche und junge Erwachsene leben ihren Glauben unter den Maximen von Partnerschaftlichkeit, Ehrenamtlichkeit, Subsidiarität, Gerechtigkeit, Freiwilligkeit, Demokratie, Respekt und Spiritualität.[42] Ebenso stehen Treue, Respekt und Spontaneität im Fokus.[43] Jugendliche richten ihren Blick durchaus auf die Gestaltung ihrer Zukunft.[44] Gleichzeitig wollen sie im Hier und Jetzt auch ihren Spaß haben. Dies ist ein grundlegendes Charakteristikum der jungen Generation.[45]

Oftmals wird von einem »Werteverlust« gesprochen. Korrekter wären die Bezeichnungen »Wandel der Werte« und »Wertepluralisierung«. Diese melden sich überwiegend durch die jungen Menschen zu Wort. »Die Kirche aber neigt von ihrer Altersstruktur her dazu, sich an den älteren Generationen auszurichten. Deshalb bleibt vielen ihrer Vertreter das Ausmaß verborgen, in dem gerade die jüngere Generation sich von dem Glaubensverständnis entfernt, das in der Kirche verkündigt, gelehrt und praktiziert wird« (Wolfgang Huber).[46]

Eine Berliner Umfrage zum Glaubensverständnis macht das deutlich. Sie unterscheidet vier Glaubensorientierungen: die »Gottgläubigen«, die »Transzendenzgläubigen«, die »Unentschiedenen« und die »Atheisten«. Die »Gottgläubigen« zeichnet ein relativ traditionelles Gottesverständnis aus, obgleich diese Gruppe im Vergleich zu allen anderen Gruppen mit weniger als 30 Prozent den geringsten Anteil der unter 34-Jährigen aufweist.[47] Inzwischen gehört nur noch ein Viertel der Berliner Einwohner den beiden großen christlichen Kirchen an, wie aus einer jüngst publizierten Antwort des Senats auf eine parlamentarische Anfrage der Linken hervorgeht.[48]

Es gibt heute eine veränderte Wertepräferenz und zunehmende Selbstverwirklichungsansprüche. Jugendliche tragen den Wunsch nach Individualität und Persönlichkeitsentfaltung in sich. Sie wollen vieles ausprobieren und neue Freiheiten wachsen lassen. Das bedeutet allerdings keineswegs, dass »klassische« Lebensziele wie eine glückliche Partnerschaft, gute Freunde oder die Familiengründung ihre Bedeutung verlieren.

Die Werte der jungen Menschen sind kaum verallgemeinerbar. Jeder setzt seine eigenen Wertprioritäten. So gibt es weniger ein »entweder – oder«; die meisten jungen Menschen orientieren sich sowohl an modernen, individualistischen als auch an klassischen Werten. Die Werte werden von Jugendlichen ganz pragmatisch beurteilt: »Welchen Nutzen habe ich davon in meinem eigenen Leben und wie sinnvoll sind sie?«

Die Werte werden – aus der Sicht der Kinder – durch die Eltern (97 Prozent), die Lehrer (77 Prozent) und Verwandten (76 Prozent) vermittelt. Die Kirche (27 Prozent) und Politiker (11 Prozent) haben in der Wertevermittlung bei Jugendlichen und Kindern einen eher niedrigen Stellenwert.[49] Ein weiterer Einflussfaktor für die Wertehaltung von jungen Menschen sind die Medien, aber mehr noch die Gleichaltrigen der Jugendlichen, die sogenannte Peergroup. Dazu zählen enge Freunde, die Clique oder der Verein. Hier spielt die Jugendarbeit keine unwichtige Rolle. In kirchlichen Jugendgruppen und ihren Veranstaltungen finden junge Menschen überdurchschnittlich häufig die Möglichkeit, eigene Wertvorstellungen zu entwickeln und zu erproben. Jugendverbandsarbeit, Sportvereine, Ministrantengruppen und Jugendchöre tragen so Wichtiges zur Wertebildung bei. »Ernsthaftigkeit im Anliegen; Nachhaltigkeit; aktives Miteinander in der Gemeinschaft und Engagement für die Gesellschaft; enge Beziehung zur Gruppenleitung. Nicht immer findet Wertekommunikation hier bewusst und reflektiert statt, aber die Jugendarbeit bietet eine sehr gute Grundlage dafür.«[50] Obwohl die Religion bei den meisten Jugendlichen nicht im Fokus ihres Wertesystems steht, hat die Shell-Studie dennoch gezeigt, dass für jeden Dritten der 2500 Befragten der Glaube an Gott wichtig ist.

Das Verhältnis der Jugend zur Kirche

Spontaneität ist ein zentrales Merkmal der heutigen Jugendkultur. Sie ist eine Haltung, die seitens der jungen Erwachsenen in der Kirche nur selten vermutet oder gar gefunden wird. Ihrer Meinung nach herrscht in der Kirche häufig das Prinzip der Traditionalität und Formalität. Sie sehen eine von Erwachsenen geprägte Reguliertheit. Das kirchliche Leben erscheint ihnen zu genormt. So fühlen sie sich in ihren Ansichten vom Leben oder in ihrem Gottesbild oftmals eingeschränkt. Kirche wird von vielen Jugendlichen als langweilig und eintönig empfunden. Gleichzeitig betrachten sie die Kirche als unvereinbar mit dem modernen Lebensstil, da dieser abwechslungsreich und erfüllend sein soll.

Viele Jugendliche schrecken vor religiösen Ritualen und Vorschriften zurück. Dennoch wird die »helfende Hand« der Kirche geschätzt, wie mir eine Jugendliche schrieb: »Ich habe an einem Beispiel meiner Nachbarin erfahren dürfen, dass Kirche wirklich Hilfe in Notlagen bietet. Außerdem finde ich das Gemeinschaftsgefühl gut, welches durch Kirche entstehen kann.« Ebenso schrieb mir eine 21-jährige Frau, dass sie es toll finde, dass die Kirchen die Caritas und die Diakonie »hervorgebracht haben und somit christliche Werte leben und Arbeitsplätze für soziale Berufe geschaffen haben«. Die meisten jungen Menschen verneinen bei Weitem nicht das Existenzrecht der Kirche, doch vermissen sie zeitgemäße Antworten auf die wichtigen Themen im Leben wie Beruf, Zukunft, Familie und Liebe.

Die 21-Jährige kritisierte zudem, »dass in der Kirche oft die Werte und die Theologie nicht stimmen. Oftmals hat man den Eindruck, dass die Kirchen nichts mit dem Glauben am Hut haben. In meinen Augen wird der Glaube durch die Menschen in den Pfarreien und jenen, die das Sagen haben, nicht wirklich gestärkt, sondern eher noch vernichtet und so langweilig wie möglich dargestellt. Glauben heißt, ihn auch im Leben anwenden zu können.« Die Werte, welche die Kirche vertritt, sollen authentisch und gleichzeitig im Leben umsetzbar sein: »In meinen Augen scheitert das bereits an der Theologie und den Werten, die die Kirche vermittelt. Mir ist es sehr wichtig, einen ehrlichen und authentischen Glauben zu leben – den finde ich in der Kirche kaum.«

Junge Menschen stellen zudem die »Definitionsmacht« der Kirche in Frage: Wer darf wem vorschreiben, wer was und wann zu tun oder zu lassen hat? Wer entscheidet über die Musik, die Texte und die Form des Gottesdienstes? »Sind nicht auch wir in der Kirche geneigt, die freien Plätze vor den Kirchen und manchmal auch das Kircheninnere kinder- und jugendfrei zu halten, damit niemand – schon gar nicht die frommen BeterInnen – gestört werden?«, fragt der Soziologe und Theologe Michael N. Ebertz.[51] Statt Plätzen für Jugendliche, etwa einem Jugendcafé, werden eher Parkplätze gebaut.

Die letzten Jahrzehnte zeigen, dass junge Menschen sich durchaus mit Religion und Religiosität beschäftigen. Aber zugleich zeigen sich Verständigungsprobleme zwischen der Institution Kirche und religionssensiblen Jugendlichen. Die Kirche sieht sich mit der Herausforderung konfrontiert, ihre eigene Tradition zu wahren und die »Pluralitätsfähigkeit als Institution im Umgang mit der Vielfalt religiöser Bedürfnisse von Jugendlichen neu auszubuchstabieren und mutig die Elastizität ihrer Kerninhalte angesichts des individualisierten jugendlichen Zugangs zu Religion zu erproben«.[52]

Die Jugendlichen haben ein ausgeprägtes Sensorium, wenn es um Sinnfragen geht. Die Kirche schafft es aber leider nur in den wenigsten Fällen, die Fragen der Jugend sinnstiftend zu beantworten und Lebenshilfe zu leisten. Dadurch entsteht eine immer größer werdende Distanz zwischen den Inhalten des christlichen Glaubens und den Ansichten und Bedürfnissen der Jugendlichen. Der Glaube an Gott ist durchaus da; viele wollen ihr individuelles Gottesbild aber nicht durch kirchliche Konstrukte einengen oder abschließend definieren lassen. Deswegen herrscht heute bei den Jugendlichen eine kirchenkritische Distanz vor. Die Generation ihrer Eltern kannte diese Distanz ebenfalls; allerdings standen die meisten von ihnen der Kirche noch wesentlich näher und waren sogar Mitglied. Ihnen ging es darum, Reformen voranzutreiben und die Institution Kirche zu verändern. Das ist heute anders. Die meisten der Jugendlichen stehen der Kirche kritisch gegenüber, interessieren sich jedoch nicht für kirchliche Reformen. Einigen ist die Kirche sogar völlig gleichgültig. Sie wollen die Kirche nicht einmal mehr verändern, »da es eh nichts bringt«, wie ein Jugendlicher mir sagte.

Namentlich Jugendliche ab dem 17. bzw. 18. Lebensjahr stellen jene Bevölkerungsgruppe dar, die der Kirche und der Religion in institutionalisierter Form am distanziertesten gegenübersteht. Der Gottesglaube und die Wertvorstellungen der Kirche sind weit entfernt von der Lebensrealität der jungen Menschen. Dennoch zeichnet die junge Generation eine »offene Unverbindlichkeit« aus, die potenzielle Chancen bietet, die Frohe Botschaft zu ihnen zu bringen.

Denn sehr viele Jugendliche interessieren sich brennend für religiöse Themen und die Frage nach Gott. Doch ihnen ist es wichtig - das war auch in meiner Jugend so -, dass Begegnungen auf Augenhöhe stattfinden, dass sie sich austauschen, den Sinn des christlichen Glaubens erforschen und seinen Spuren folgen können. Eine 23-jährige Wirtschaftsstudentin erzählte mir, dass für sie die katholische Kirche Heimat bedeutet, auch wenn sie nicht perfekt ist. Viele ihrer Kommilitonen und Freunde befinden sich spirituell auf der Suche und möchten glauben, aber entfernen sich immer mehr von der Kirche, da diese in ihren Augen kaum mehr zeitgemäße Antworten gibt.

Die Kirchen haben in den letzten Jahrzehnten sehr viel versäumt und oftmals das Potenzial der Jugend unterschätzt. Kirchenvertreter sind unbequemen Fragen der »rebellischen« Jugend aus dem Weg gegangen. Diese hat daraufhin andere Wege eingeschlagen. Der Weg der Kirche ist - zumindest für die Mehrheit der jungen Menschen - nicht der einzige und durchaus auch nicht der beste für ihr Leben.

In einer Gesellschaft, in der die christliche Sozialisation nicht mehr selbstverständlich ist, entscheidet sich die Zukunft der Kirche an ihrem Verhältnis zur heranwachsenden Generation.

Leider ist dies Verhältnis manchmal ganz besonders belastet. Eine Frau erzählte mir einmal, dass sie als achtjähriges Kind gern in die Kirche ging. Sie durfte zwar nach ihrer Erstkommunion nicht Ministrantin werden, aber ihr Pfarrer erlaubte ihr wenigstens, sonntags die Kirchenglocke zu läuten. Sie und ihre Freundin gingen zusammen mit den Ministranten auf einen Ausflug. Dabei berührte der Pfarrer sie immer wieder unsittlich. Und auch vor und nach dem Gottesdienst hatte sie immer wieder das Gefühl, vor dem Pfarrer »flüchten« zu müssen, um nicht von ihm berührt zu werden. Noch heute weiß sie sehr genau, wo und wie er sie berührt hat. Sie trug eine bleibende psychische Narbe davon. Doch sie wusste – weil der Pfarrer im Dorf eine wichtige Person war –, dass sie es niemandem sagen konnte. So distanzierte sie sich nach und nach von der Kirche. Die unangenehme Nähe des Pfarrers führte über die Jahre dazu, dass sie die damit verbundenen Probleme auch auf andere Beziehungen projizierte und diese letztlich immer wieder zu Bruch gingen. Sie selbst bezeichnet sich als gläubige Person, doch aufgrund dieser Erfahrung ist für sie die Kirche kein Ort des Glaubens mehr.

Ich möchte an dieser Stelle nicht das Thema Missbrauch in der Kirche behandeln; dennoch denke ich, es ist wichtig, festzustellen, dass gerade Erfahrungen in der Kindheit und Jugend prägend sind und eine entscheidende Rolle dafür spielen, ob jemand als Erwachsener noch in die Kirche geht und auch seine Kinder im christlichen Glauben erzieht. Wer als Kind oder in der Jugend negative Erfahrung mit der Kirche sammelt, wird sich schwer damit tun, einen positiven Zugang zu finden, und zwar in dem Sinne, dass die Kirche (wieder) zu einem Ort der Beheimatung und der Familie wird. Ein Sonntagsgottesdienst wird als Gefahr wahrgenommen, wenn er immer wieder alte Wunden aufreißt. Die daraus erwachsende Entfremdung ist nur allzu verständlich, und sie führt auch dazu, dass die folgende Generation keinen Bezug mehr zur Kirche findet.

Vor einigen Jahren begegnete ich einem gläubigen Katholiken, der homosexuell und mir gegenüber anfangs sehr skeptisch war. Er wusste, dass ich Theologie studierte, und dachte wohl, ich würde ihn verurteilen. Irgendwann öffnete er sich mir und erzählte mir seine ganze Lebens- und Leidensgeschichte mit der Kirche. Was mich damals stark bewegte und gleichzeitig wütend machte, war, was ein deutscher Bischof ihm gegenüber gesagt hatte: »Homosexualität ist eine Krankheit. Die Kirche kann sie heilen.« Der junge Mann engagierte sich stark in seiner Gemeinde und der Glaube an Gott gab ihm Halt und Orientierung. Er machte sich seine Gedanken zur kirchlichen Haltung gegenüber der Homosexualität. Dennoch stand für ihn außer Frage, dass er von Gott geliebt ist. Aber die Aussage des Bischofs erschütterte ihn zutiefst und ließ ihn an sich selbst zweifeln.

Als ich seine Geschichte hörte, konnte ich es kaum glauben, dass im Europa des 21. Jahrhunderts und namentlich auch im aufgeklärten Deutschland noch immer Bischöfe in Amt und Würden sind, die behaupten, Homosexualität sei unnatürlich, ja, eine »klägliche Krankheit«. So zog sich der junge Mann nach und nach von der Kirche zurück. Auch überlegte er sich, sein Engagement in der Kinder- und Jugendarbeit aufzugeben. Er zweifelte an der Kirche – und leider auch an Gott, den die Kirche doch bezeugen soll.

Kinder, Jugendliche und junge Erwachsene wollen und müssen in ihrem Lebenskonzept akzeptiert und respektiert werden. Junge Menschen suchen – auch in der Kirche – nach Orientierung. Diese wirkt aber abschreckend, wenn ihnen – statt dass eine helfende Hand gereicht wird – das Gefühl vermittelt wird, auf alles, was ihnen wichtig ist, verzichten zu müssen, wenn sie aktives Mitglied der Kirche sein wollen. Es muss klar sein, dass sie ihr Liebesleben nicht an der Kirchentür abgeben müssen. Will die Kirche eine »Helferin« sein und zur »Freundin« der jungen Menschen werden, darf sie diese nicht alleinlassen; sie muss die Jugend ernst nehmen und im Leben einfühlsam begleiten.

Jesus kann dabei einmal mehr zum Vorbild werden. Er schaute nicht auf Äußerlichkeiten, sondern in die Herzen der Menschen. Bereits im Alten Testament war der barmherzige Geist deutlich spürbar: »Ein Mensch sieht, was vor Augen ist; der Herr aber sieht das Herz an« (1 Samuel 16,7).

Die Kirche ist dem leider nicht immer gefolgt, sonst würde sie vermutlich von der jungen Generation in ihren Anliegen, Ansichten und Problemen stärker wahrgenommen und geschätzt werden. Da ist der Umgang mit Geschiedenen oder mit Homosexuellen in der Kirche. Da ist die Diskriminierung der Frauen, die Priesterin werden wollen; dasselbe gilt für Männer, die diese Berufung verspüren, aber nicht unverheiratet leben möchten. Junge Menschen wünschen sich eine geschwisterliche und mündige, dialogfähige und demokratische Kirche, in der Mitverantwortung großgeschrieben und geschätzt wird. Jungen Menschen ist die Akzeptanz von Vielfalt wichtig. In der Kirche wird oftmals nur Einförmigkeit, Mutlosigkeit, Verzagtheit, lähmende Kirchenpolitik wahrgenommen.

Der Einsatz der Institution Kirche für die Schwächsten der Gesellschaft wird auch von den Jugendlichen anerkannt. Ein Drittel findet es gut, dass es die Kirche gibt. Ein 22-jähriger Student erzählte mir, dass er zwar nicht gläubig sei, aber großen Respekt vor Seelsorgenden empfinde, etwa »wie sie auf Beerdigungen die richtigen Worte finden, einfühlsam sind und eine spirituelle Dimension zu den Menschen bringen«. Doch deswegen verkneifen sie sich ihre Kritik noch lange nicht: 64 Prozent der jungen Menschen finden, dass die Kirchen zukunftsfähiger werden müssen. Namentlich 75 Prozent der katholischen Jugendlichen betonen, dass sich die Kirche ändern müsse. Warum ändert sich dann nichts? Warum läuft die

Kirche Gefahr, bald keine Rolle im Leben der Jungen mehr zu spielen?

Sowohl die Jugendlichen als auch die Kirchen müssen wagen, aufeinander zuzugehen und dabei auch Konflikte auszuhalten. Der heutige Kardinal Kurt Koch sagte einmal: »Ohne Konflikte wäre auch die Kirche heute wahrscheinlich nicht mehr am Leben und jedenfalls kaum mehr wirklich spannend. Die Tatsache, dass auch in der gegenwärtigen Kirche Konflikte vorhanden sind, sollte deshalb keinen Christen erschüttern.«[53] Aus Konfliktsituationen kann die Kirche lernen und neue Wege finden, die auch für die nächste Generation gangbar sind.

Es geht um Vermittlung von Glaubensinhalten

Wir befinden uns in einer schnelllebigen Zeit, in der jeder sein Leben so gestalten kann, wie er es gern möchte. Es gibt unendlich viele Möglichkeiten. Einen Job muss man nicht sein ganzes Leben lang ausüben. Reisen ist so leicht geworden wie nie, und ein längerer Aufenthalt im Ausland ist für junge Leute fast ein Muss.

In dieser Welt, in der fast alles möglich ist und in der Religion, namentlich die christliche, nicht mehr selbstverständlich ist, ist die Vermittlung von Glaubensinhalten eine der größten Herausforderungen, welchen die Kirchen je gegenüberstanden.

Die traditionelle Katechese, das heißt die Unterweisung im Glauben, die von Pfarreien oder Jugendverbänden organisiert wird, stößt heute auf immer weniger Akzeptanz. Die Zeit dafür scheint vorbei zu sein. Es braucht vielmehr eine *neue, kreative* Glaubensvermittlung. Früher wurde der Glaube von der älteren an die jüngere Generation einfach durch das Zusammenleben weitergegeben. Die Großeltern waren selbstverständlich gläubig, beteten und gingen zur Kirche. Dies gaben sie ihren Kindern und Enkelkindern weiter. Heute ist es anders. Der Glaube der Großeltern wird oftmals hinterfragt, gar belächelt. Für viele ist es nicht mehr ein Glaube, der ihre Herzen berührt. Viele – mich eingeschlossen – sind immer wieder beeindruckt von den vielen älteren Menschen, die so stark in ihrem Glauben stehen und sich über die Jahrzehnte nicht nur Lebenserfahrung, sondern auch unglaublich viel Glaubensklugheit angeeignet haben. Doch das erreicht die Jungen oftmals nicht mehr.

Meine Oma war sehr religiös. Das tägliche Gebet und das Lesen in der Bibel gehörten für sie selbstredend dazu. Für sie waren das Rosenkranzgebet und der Gottesdienstbesuch ein wichtiger Teil ihres Glaubenslebens. Doch ansteckend wirkte das auf mich kaum. Ich dachte mir immer: »Was will ich damit? Ich will doch nicht den Glauben meiner Oma leben. Sie ist alt. Ich bin jung.« Ihr Glaube war kostbar. Aber nicht für mich. Es macht wenig Sinn, den Glauben der älteren Generation einfach als den eigenen Glauben zu übernehmen, ohne ihn auch wirklich zu leben.

Die Glaubensweitergabe ist wie ein Staffellauf. Dass Jüngere noch nicht dazu bereit waren, das Staffelholz zu übernehmen oder dass das Holz mal zu Boden fiel, gab es im Lauf der Kirchengeschichte immer wieder. Doch heute scheint es so zu sein, dass die meisten Jugendlichen das Sportgelände verlassen haben. Das mag viele Gründe haben, etwa Kirchenverdrossenheit und eine große Kirchentrauer. Doch wie kann die Übergabe dann stattfinden?

Ein großer Teil der Jugendlichen sind sogenannte »Fernstehende«, die keine Kontakte zu Christen haben. Sie zu erreichen und ihnen die schönen Seiten des christlichen Glaubens aufzuzeigen, ist sehr schwer. Es kann nur gelingen, wenn die Worte von Papst Franziskus ernst genommen werden und die Kirchen sich selbst den missionarischen Auftrag immer wieder vor Augen halten. Christen sollen hinausgehen in die Welt. Auf die Menschen zugehen – und dort dann hoffentlich jene treffen, die noch nie etwas vom Glauben an Jesus Christus gehört haben, mit ihnen in Kontakt kommen und ihre Herzen berühren. Das ist keine einfache Aufgabe. Aber ich glaube, dass es für die Kirchen in einigen europäischen Ländern inzwischen die letzte Chance ist.

Wo ist der Geist des Zweiten Vatikanischen Konzils heute, der noch in vielen älteren Menschen steckt, aber bei der jungen Generation kaum mehr ankommt? – Ich versuche aus dem Konzilsgeist heraus zu leben und zu wirken, weil ich spüre, dass dieses Konzil in vielen Fragen zeitgemäße Antworten bot und es schaffte, die Kirche ins 21. Jahrhundert zu bringen. Otto Hermann Pesch sprach einmal davon, dass »das Konzil die Zukunft der Kirche im 21. Jahrhundert ist. Eine Alternative dazu gibt es nicht – es sei denn die Großsekte, der niemand mehr zuhört«.[54] Schon heute sind die Anzeichen deutlich: Die Kirche hat immer weniger Einfluss und verliert an Glaubwürdigkeit; viele haben die Kirchen schon verlassen, und noch mehr werden ihnen folgen. Es gibt immer weniger Priester für immer weniger Gläubige. Wenn das nicht Warnsignale genug sind! Pesch will uns mit seiner Vision nicht Angst machen. »Aber er will herausfordern, doch endlich den Weg weiterzugehen, den wohl der Heilige Geist selbst der Kirche durch das Konzil gewiesen hat.«[55] Denn die Lebens- und Überlebensfrage der Kirche wird sich daran entscheiden, ob und wie sie es schafft, in der zeitgenössischen Kultur den Menschen Lebens- bzw. Überlebenshilfe zu leisten.[56]

Don't be a maybe – auch nicht in der Kirche

Vor einigen Jahren war an fast jeder Straßenecke die Werbung einer Zigarettenmarke zu sehen. Der Slogan hieß: »Don't be a maybe!« Mir ist der Werbespruch nicht etwa wegen der vielen Plakate im Gedächtnis haften geblieben, sondern aufgrund einer Predigt, die ich über ihn hörte. Übersetzt heißt der Spruch so viel wie: »Sei nicht unentschlossen« oder »Sei kein Unentschlossener«. Diese Kampagne trifft den Nerv unserer Zeit. Viele aus der jungen Generation, besonders jener zwischen 20 und 30, sind solche »Maybes«. Viele sind unentschlossen und warten lieber erst einmal ab. Sie legen sich nicht fest, sie zögern.

Auch im Glauben sollen wir nicht unentschlossen sein, sondern entschieden auftreten. Die Maybes existieren nicht nur im gesellschaftlichen Leben. Auch in der Kirche gibt es viele von ihnen. Sie finden sich nicht nur in der jungen Generation. Damit der Slogan auch in der Kirche wirken kann, bedarf es vieler »Entschlossener«, die andere überzeugen, Ja zu sagen. Für eine lebendige Glaubensweitergabe braucht es viele Entschlossene, die ihren Glauben in Worte und Taten fassen und aufzeigen können, weshalb sie in der Kirche sein wollen. Ich wünsche mir weniger Maybes - sowohl in der Kirche als auch in der Politik. Ich wünsche mir Menschen, die stark auftreten und bereit sind, jedem Rede und Antwort zu stehen, der von ihnen Rechenschaft fordert über die Hoffnung, die sie erfüllt (vgl. 1. Petrusbrief 3,15).

KAPITEL 3

Wenn Kirche »hard to get« spielt

oder: Bunt würde ihr gut stehen

Grau und beige

Graue Haare und beige Jacken, das sind die Farben, die am meisten in der Kirche zu sehen sind. Es scheint das gemeinsame Merkmal der heutigen Kirchgänger zu sein. Wie passt das zusammen, das Bunte der Jugend und die graue, alte Kirche? Wie wird es in 30 Jahren aussehen, wenn die grau-beigen KirchgängerInnen nicht mehr da sein werden? Die Zukunftsaussichten der Kirche fallen schwarz aus, wenn »Grau« nicht mehr ist.[57] Ich kenne einige keineswegs naive »Grauhäupter«, die sonntags noch in der Kirche anzutreffen sind, aber dennoch sagen: »Die Kirche ist nicht mehr zu retten.«

Als ich einmal einen 14-jährigen Jungen fragte, wie er die Zukunft der Kirche sehe, bekam ich eine düstere Antwort: »Ich sehe für die Zukunft der Kirche grau bis schwarz. Das Christentum spricht kaum noch jemanden an. Doch für den Glauben an Gott – an einen individuellen Gott – sehe ich hingegen hell. Denn auch ich brauche in schwierigen Momenten meines Lebens einen Ansprechpartner.«

Ein 20-Jähriger, den ich nach seinem Glauben und seinem Verhältnis zur Kirche befragte, erzählte mir, dass sein Vater regelmäßig in den Sonntagsgottesdienst gehe, er selbst hingegen nur noch an hohen Feiertagen. Er bete jeden Abend das Vaterunser und bitte Gott um Hilfe in schwierigen Momenten. »Solange man an etwas glaubt, hat man Hoffnung«, sagte er und betonte, dass der persönliche Glaube ihm Kraft gebe. Gleichzeitig stellte er die Frage: »Muss man jede Woche in die Kirche gehen? Was macht es für einen Unterschied, daheim oder in der Kirche zu sein? Klar, besser ist es, in die Kirche zu gehen.« Es bleibe aber nichts haften von dem im Gottesdienst Gesagten. »Ab und zu ist die Kirche voll okay«, sagt er; dennoch sieht auch er die Zukunft der Kirche »düster, denn die jungen Leute gehen schon heute nicht mehr in die Kirche. Was will ich unter all den alten Menschen da? Allein macht es keinen Spaß, im Gottesdienst zu sein.«

Die Mehrheit der Jugendlichen vertritt da die gleichen Ansichten. Ein 16-Jähriger antwortet mir auf die Frage, wo die Kirche in 20 Jahren sei, knapp, aber deutlich: »am Boden«. Vielleicht muss sie genau dort landen, um von Neuem aufblühen zu können und so in der Gegenwart anzukommen.

»Mir scheint die Kirche oftmals gefangen in einer Welt von Traditionen und Paragrafen. Dieses Scheuklappenverhalten engt sie in ihrer Sicht auf das Christentum ein, wie es eigentlich gelebt werden sollte. Jede Art von Dogmatismus kann gefährlich werden. Dogmatismus entzieht sich häufig dem gesunden Menschenverstand, blendet Wissen oft zu stark aus, engt das Gesichtsfeld ein und fördert Sturheit, Arroganz und Besserwisserei. Wie viel Blut und Elend uns religiöser Dogmatismus gebracht hat, zeigt die Religionsgeschichte«, schrieb mir ein älterer Mann, der in seinen Ansichten nah bei den jungen Menschen ist: Die Kirche muss sich ändern und weniger in starren Formen verharren, sondern zu den Menschen gehen und jene in den Blick nehmen, die schon Jesus ins Auge gefasst hat. Es braucht ein kritisches Hinterfragen und eine offene Geisteshaltung, um Erneuerungen zu erreichen - übrigens auch bei den Jugendlichen selbst. Ein pensionierter Arzt sagt kritisch: »Diese Offenheit des Geistes vermisse ich bei gewissen Jugendlichen. Sie scheuen den Dialog und leben selbstgefällig ihren Individualismus. Vielen Jugendlichen fehlt der Mut zu Neuem, aber auch der Wille, sich für eine bessere und gerechtere Welt zu engagieren.«

Es braucht Offenheit bei allen Beteiligten. Und ja, es ist wohl so: Viele denken nicht im Traum daran, Jesus zu suchen, sich auf ihn einzulassen und zu schauen, was daraus entsteht. Die einen haben ihn verloren, die anderen haben ihn noch nie gesucht. Aber viele suchen ihn, und ihnen einladend zu begegnen, ist ein Anfang.

Ein Beispiel, wo die Kirche nicht grau blieb, sondern einmal im Jahr vernehmbar bunt eingefärbt wurde, durfte ich in meiner Jugend erleben. In einem Kloster in meiner Heimat wurde jedes Jahr am Tag des heiligen Franz von Assisi ein großes Fest veranstaltet. Es gab für Jugendliche Workshops, Gesprächsrunden, die Möglichkeit, die Bibel näher kennenzulernen und mit anderen in Kontakt zu treten. Das ganze Klostergelände wimmelte von Jugendlichen und konnte bunter kaum sein. Das Franziskus-Fest wurde immer mit einem peppigen Gottesdienst abgerundet. Es wurde deutlich, dass die Kirche nicht nur grau sein muss, sondern auch ziemlich jung und bunt sein kann. Ebenso zeigte sich mir dies, als ich mit der Pfarrei auf Pilgerfahrt nach Assisi und Rom ging. Bei beiden Reisen waren viele Jugendliche dabei. Es gab einen gemeinsamen Morgenimpuls und während der Woche kleinere Gottesdienste. Wir konnten quirlig sein und auch mal Quatsch machen. Zugleich hatten wir die Möglichkeit zu tiefgründigen Gesprächen. Eine jugendliche Kirche zeigt sich vor allem durch die Beteiligung der Jungen. Bunt steht der Kirche gut.

Follow Him

Papst Franziskus forderte beim 7. Asiatischen Jugendtag in Yogyakarta (Indonesien) junge Menschen dazu auf, »aufmerksam auf den Ruf Gottes zu hören und mit Glauben und Mut auf ihre Berufung zu antworten«.[58] Es ist schön zu hören und zu lesen, dass Papst Franziskus die Jugend immer wieder anspricht. Er charakterisiert ihre »lebendige Fröhlichkeit« als »Kennzeichen eines jungen Herzens, des Herzens, das dem Herrn begegnet ist«.[59] Er ermutigt die Jungen aber nicht nur dazu, sich auf die Suche nach Gott und nach ihrer Berufung zu begeben, sondern auch dazu, Träume zu haben, etwas zu riskieren und voranzugehen. Sie sollen keine Angst haben, sondern in jugendlicher Hoffnung Großes wagen. Denn: »Die Jugendlichen sind mit ihren Formen kirchlichen Lebens ein Zeichen der Zeit. Es wird darauf ankommen, dass dieses Zeichen nicht als ein einsames Rücklicht am gesellschaftlich abgehängten Zug der Kirche leuchtet, sondern dass es eine Feuersäule ist, die in der Kirche auch weit außerhalb der Jugendverbände neue Wege weisen kann. Denn das Charisma der Jugend ist es, Prozesse anzustoßen, die auch für alle anderen Teile der Kirche von Bedeutung sind« (Dirk Tänzler).[60]

Um das Anstoßen von Prozessen geht es Papst Franziskus seit seinem Amtsantritt. Besonders klar zeigt sich das in seinen beiden Apostolischen Schreiben »Evangelii gaudium« (2013) und »Amoris laetitia« (2016).

»Die Zeit ist mehr wert als der Raum«, schreibt der Papst. Was er damit meint, erklärt er so: »Dieses Prinzip erlaubt uns, langfristig zu arbeiten, ohne davon besessen zu sein, sofortige Ergebnisse zu erzielen. Es hilft uns, schwierige und widrige Situationen mit Geduld zu ertragen oder Änderungen bei unseren Vorhaben hinzunehmen, die uns die Dynamik der Wirklichkeit auferlegt. Es lädt uns ein, die Spannung zwischen Fülle und Beschränkung anzunehmen, indem wir der Zeit die Priorität einräumen. [...] Der Zeit Vorrang zu geben bedeutet, sich damit zu befassen, Prozesse in Gang zu setzen, anstatt Räume zu besitzen. [...] Es geht darum, Handlungen zu fördern, die eine neue Dynamik in der Gesellschaft erzeugen und Menschen sowie Gruppen einbeziehen, welche diese vorantreiben, auf dass sie bei wichtigen historischen Ereignissen Frucht bringt. Dies geschehe ohne Ängstlichkeit, sondern mit klaren Überzeugungen und mit Entschlossenheit.«[61]

In diesen Prozessen kommt der Kreativität der Gläubigen große Bedeutung zu: »Man darf nicht meinen, die Verkündigung des Evangeliums müsse immer mit bestimmten festen Formeln oder mit genauen Worten übermittelt werden, die einen absolut unveränderlichen Inhalt ausdrücken. Sie wird in so verschiedenen Formen weitergegeben, dass es unmöglich wäre, sie zu beschreiben oder aufzulisten; in ihnen ist das Volk Gottes mit seinen unzähligen Gesten und Zeichen ein kollektives Subjekt.«[62] Und »das Ziel dieser Prozesse der Beteiligung soll nicht vornehmlich die kirchliche Organisation sein, sondern der missionarische Traum, alle zu erreichen«.[63]

Neuerungen rufen immer auch Ängste hervor. Das ist natürlich, aber es darf die Kirche nicht lähmen: »Wenn wir den Zweifeln und Befürchtungen erlauben, jeden Wagemut zu ersticken, kann es geschehen, dass wir, anstatt kreativ zu sein, einfach in unserer Bequemlichkeit verharren, ohne irgendeinen Fortschritt zu bewirken. Und in dem Fall werden wir nicht mit unserer Mitarbeit an historischen Prozessen teilhaben, sondern schlicht Beobachter einer sterilen Stagnation der Kirche sein.«[64]

Es gibt viel Potenzial für Veränderungs- und Wachstums- prozesse. Ein wichtiger Bereich ist der Zugang zu den kirch- lichen Ämtern. Ich habe viele junge Frauen kennengelernt, die durch den Dienst als Ministrantin oder durch die Mitarbeit in der Kirchengemeinde eine Berufung zur Priesterin verspüren. Meist realisieren sie schon in ihrer Jugend, dass das nicht geht, und »begraben« ihre Berufung. Einige entschlossen sich, dennoch Theologie zu studieren, und verwirklichen sich im Beruf der Religionslehrerin oder Pastoralreferentin. Andere wandten sich von der Kirche ab.

Im Jahr 2015 beklagte sich der erzkonservative Kurienkardi- nal Raymond Leo Burke über die »katholische Männerkrise«. Es gebe immer weniger Berufungen, was zum Priestermangel führe. Die Schuld sieht Burke natürlich nicht in den verkrus- teten Strukturen der Kirche, sondern in den Evas dieser Welt. Er sagte in einem Interview: »Die Einführung von Messdiene- rinnen führte bei vielen Jungen dazu, den Altardienst aufzuge- ben. Junge Burschen wollen nichts mit Mädchen zu tun haben. Das ist ganz natürlich. Die Mädchen waren auch sehr gut beim Altardienst. Also trieben viele Jungen im Laufe der Zeit weg [...]. Ich denke, dass dies zu einem Verlust an Priesterberufun- gen beigetragen hat. [...] Wenn wir junge Männer nicht anlei- ten, Messdiener zu sein, und ihnen so das Erlebnis geben, Gott in der Liturgie zu dienen, sollten wir nicht überrascht sein, dass die Zahl der Berufungen dramatisch gefallen ist.«[65]

Die Shell-Jugendstudie von 2017 zeigt, dass junge Frauen dem Glauben an Gott eine größere Bedeutung zuschreiben als Jungen.[66] Aber ein Raunen ging durch die liberale und aufgeschlossene Kirchenwelt, als sich dieser Kardinal anmaßte, Mädchen, die gern in der Kirche sind, für den Priestermangel verantwortlich zu machen.

Es gibt auch in der Religion unterschiedliche Bedürfnislagen. Daher ist es wichtig, in Gottesdiensten auf die Geschlechter einzugehen, indem unterschiedliche Rituale angeboten werden, um die »unterschiedlichen Erfahrungen, Erwartungen und Bedürfnisse von Frauen und Männern wahrzunehmen und entsprechend zu handeln«, sagt Hildegund Keul, Leiterin der Arbeitsstelle für Frauenseelsorge der Deutschen Bischofskonferenz.[67] Für viele Frauen stellt es ein Problem dar, sich mit »Gott, dem Mann und Herrscher« zu identifizieren. Manche Frauen lassen ihre Töchter schon gar nicht mehr taufen, da sie für diese keine Zukunft in der Kirche sehen – kein Wunder angesichts verquerer Haltungen wie jener von Burke. »Warum soll ich mein Mädchen in der katholischen Kirche taufen, in einer Kirche, in der Frauen nicht gleich viel wert sind wie Jungen?«, hörte ich einmal von einer Mutter.

Frauen suchen wie jeder Mensch nach einem Engagement, mit dem sie sich identifizieren können. Die Frage, ob der Glaube zum eigenen Leben passt, ist allgegenwärtig. So schauen sich junge Frauen vermehrt anderswo um, um ihrem religiösen Interesse nachzukommen. Wenn die Kirche es nicht schafft, neben ihrer selbstverschuldeten »Männerkrise« auch die »Frauenkrise« zu sehen, bleiben nicht nur die Ministrantinnen dem Altar fern, sondern spätestens eine Generation später auch die Buben, da deren Mütter sie nicht mehr zur Kirche mitnehmen, wenn sie selbst nicht mehr hingehen.

Ich fragte einmal eine junge Frau, ob die Kirche in ihren Augen genügend für Menschen wie sie tue. Die Antwort war nüchtern, gemischt mit großer Enttäuschung: »Nein, die Kirche fördert vor allem das Frausein nicht. Die Frau wird auch heute noch kleingeredet.«

Solcher Frust, der eigentlich der Kirche gilt, fällt auch auf Gott. Als »wichtig« stufen nur noch 39 Prozent der Katholiken den Glauben an Gott für die Lebensführung ein (51 Prozent waren es noch im Jahr 2002).[68] In der Vorstellung von Gott unterscheiden sich die Bilder der Jugendlichen: 29 Prozent glauben an einen persönlichen Gott, 17 Prozent an »eine überirdische Macht«, 26 Prozent glauben weder an das eine noch an das andere, und 23 Prozent räumen ein, dass sie nicht richtig wissen, was sie glauben sollen. Die Shell-Jugendstudie zeigt auf, dass 20 Prozent der katholischen Jugendlichen beten. Bei den evangelischen Gleichaltrigen sind es 15 Prozent. Die meisten meiner Freunde können mit Gott wenig anfangen. Und mit der Kirche schon gar nichts mehr.

Oftmals erwische ich mich, wie ich andere Menschen beurteile, die ich gar nicht kenne – nur über ihr Äußeres (»Die interessiert sich sicher nicht für Gott …«). Wenn ich jemanden kennenlerne, ist er oder sie oft erstaunt, dass ich gläubig bin und freiwillig in den Gottesdienst gehe. »Das sieht man dir gar nicht an«, ist eine gängige Reaktion. Sieht man denn, ob jemand gläubig ist? Eine Ordensschwester oder einen Ordensbruder im Habit erkennt man. Auch das äußere Zeichen eines Kopftuches lässt vermuten, dass darunter eine gläubige Muslima steckt. Aber sonst fällt es durchaus schwer, einzuschätzen, wer gläubig ist, wer betet oder in die Kirche geht.

Letztlich schaut nur Gott in die Herzen der Menschen und weiß, was in ihnen vorgeht. Er allein kann beurteilen, wie wir im Glauben stehen. Jesus lehrte seine Jüngerinnen und Jüngern, sie sollen nicht heuchlerisch beten,[69] sondern lieber im Verborgenen, dafür aber von Herzen.

Schon die Eltern sind weg ...

Für Jugendliche ist meistens die Familie der Ort, wo religiöse Sozialisation erfolgt. Sie begegnen der Kirche und dem Glauben überall dort, wo ihre Eltern damit in Kontakt treten. Etwa beim Weihnachtsgottesdienst, bei der Taufe der Cousine oder der Beerdigung des Großvaters. Die große Bedeutung von Familien, die zwar nur punktuell in die Kirche kommen, aber diesen »Dienst« dann sehr schätzen, wird durch die Kirchen häufig zu wenig wahrgenommen. In der säkularisierten Gesellschaft besteht durchaus der Wunsch, das gemeinsame Leben festlich zu gestalten und für das geschenkte Leben zu danken.

Die »Kasualienfrommen« sind jene Menschen, die an den Eck- und Wendepunkten des Lebens in die Kirche kommen, also überwiegend zu den Sakramenten, die Lebensbeginn und Tod, Eintritt ins Adoleszenz-Alter und Hochzeit betreffen. An Weihnachten sind sie im Gottesdienst, sonst aber kaum bis gar nicht im kirchlichen Leben anzutreffen. Sie stellen für die Kirche ein großes Potenzial dar. Daher bedarf es für sie auch einer besonderen Seelsorge. Wenn die Glaubensbegleitung und -vertiefung von jungen Erwachsenen klappt, bleiben diese der Kirche »erhalten« und können in ihrem Glauben später einmal Vorbild für ihre Kinder sein.

Während eines Aufenthaltes bei einem befreundeten Pfarrer gingen wir zusammen zu einer Familie, die ihre Zwillinge taufen lassen wollte. Der Pfarrer warnte mich vor dem Besuch:

»Sie sind beide aus der Kirche ausgetreten.« Mich wunderte es, dass sie dann durch die Taufe ihre Kinder in der kirchlichen Gemeinschaft, die sie ja verlassen hatten, sehen wollten. Während des Gespräches stellte sich heraus, dass sie nicht etwa mit der Kirche vor Ort, sondern mit dem »Steuerbüro der Kirche« sehr schlechte Erfahrungen gemacht hatten. Dies war der Grund für den Austritt. Den Eltern waren jedoch die christliche Erziehung und das Praktizieren von Ritualen wichtig. Wenige Tage später wurden die zwei Mädchen getauft. Das Ehepaar war sehr glücklich darüber, aufgrund des Kirchenaustrittes nicht verurteilt zu werden.

Wie viele machen sich die Mühe, mit Menschen, die aus der Kirche ausgetreten sind, ins Gespräch zu kommen, um die Gründe zu erfahren?[70]

Das Ehepaar, das einst selbst nur »kasualienfromm« war, kommt seit der Taufe ihrer Kinder jeden Sonntag in den Kindergottesdienst und gehört seither fest zur Kirchengemeinde. Der Pfarrer hat mit seiner einfühlsamen Art nicht nur zwei Erwachsene »zurück in die Kirche geholt«, sondern sie haben auch noch zwei Kinder mitgebracht.

Jungen Menschen fehlt es schon heute oft an religiösem Wissen und »an einem emotionalen Zugang zu religiöser Praxis. Dafür können sie nichts. Schon ihre Eltern wurden nicht mehr religiös sozialisiert«.[71] Wenn Jugendliche den christlichen Glauben bereits im Elternhaus nicht mehr erlernen und erleben und keinen oder nur sporadischen Kontakt mit der Kirche haben, ist es sehr unwahrscheinlich, dass sie den christlichen Glauben als wertvoll für ihr Leben entdecken.

Die Rechnung ist einfach: Je mehr Eltern sich von den Kirchen abwenden und »konfessionslos« werden, desto weniger

Kinder werden getauft und wachsen mit einer christlichen Prägung auf. Das führt zum Verlust von Glaubenserfahrung und zum Präsenzverlust für das Evangelium in der zunehmend säkularisierten Gesellschaft. Da Eltern heute oftmals selbst keine Antworten mehr auf religiöse Fragen haben, bedarf es vonseiten der Kirche auch hier vermehrter »Bildungsarbeit«. Denn religiöse Sozialisation gelingt immer weniger. Weder in der Familie noch durch die Großeltern noch in der Schule, geschweige denn in der Kirche. Dadurch geht ein großes Stück christliches Erbe verloren und die Menschen hören weniger vom Evangelium, das doch Kraft und Hoffnung geben soll.

Religiöse Erziehung wird noch schwieriger, wenn ein Partner konfessionslos ist oder kein Interesse am Glauben hat. So geht in den meisten Familien das Wissen über Glaube und Kirche in einem schleichenden Prozess verloren. Oftmals sind die Inhalte von kirchlichen Festen wie Weihnachten, Ostern oder Pfingsten kaum noch bekannt.

Wer zuhause das Beten nicht lernt, keine Bibelgeschichten vorgelesen bekommt und nie den Gottesdienst besucht hat, wird kaum ein aktives Mitglied der Kirche werden. Vielmehr braucht es eine »Einführung«, eine »Begleitung«. Eine christliche »Sozialisation« ist nötig, damit die eigene Religiosität entstehen und sich entfalten kann. Kinder übernehmen viel von ihren Eltern (auch wenn sie sich in der Jugend davon oftmals abgrenzen). Wenn Eltern ihren Glauben authentisch (vor)leben, nehmen die Kinder diesen wie selbstverständlich an.

Wie die Kirche mit Patchwork-Familien umgeht, wirkt sich auf ihre eigene Zukunft aus. Eine Frau, die von ihrem Ehemann verlassen wurde, findet einen neuen Partner, mit dem sie ein weiteres Kind bekommt. Die zweite Liebe gelingt, und endlich findet die Frau das Glück. Einige Kirchenführer sagen nun aber, dass das nicht richtig sei. Eine zweifache Mutter schrieb mir eine lange Mail, in der sie mir aus ihrer ersten Ehe berichtete. Sie wurde geschlagen, gedemütigt und betrogen. Um ihre Kinder zu schützen, sammelte sie nach Jahren der Unterdrückung all ihren Mut und zog in ein Frauenhaus. Sie wollte sich und ihre Kinder nicht vom Bösen regieren lassen und begann ein neues Leben. Einige Zeit später lernte sie einen Mann kennen, der ihre Kinder liebte und der von den Kindern geliebt wurde. Der Pfarrer der Pfarrei verweigerte ihr nun aber die Kommunion, da sie ja »Ehebruch« begehe. Sie fühlte sich schlecht – nicht etwa wegen der zweiten Liebe, sondern weil ihre Kirche sie von dem Sakrament ausschloss. Wenn Familien oder Geschiedene von der Kirche verstoßen werden, werden nicht nur die Eltern, sondern auch die Kinder ausgeschlossen. Wenn sich die Eltern in der Kirche nicht willkommen fühlen, ja ihnen sogar die Türe vor der Nase zugeschlagen wird, wenn sie keine Unterstützung erfahren, verliert die Kirche nicht nur sie, sondern auch alle Generationen nach ihnen. Papst Franziskus hat mit seinem Apostolischen Schreiben »Amoris laetitia« einen wirklich mutigen Schritt getan und gezeigt, dass es möglich ist, wiederverheiratete Geschiedene in die Gemeinden zu »integrieren«. Schon in »Evangelii gaudium« hatte er gesagt: »Die Eucharistie ist, obwohl sie die Fülle des sakramentalen Lebens darstellt, nicht eine Belohnung für die Vollkommenen, sondern ein großzügiges Heilmittel und eine Nahrung für die Schwachen« (Nr. 47).

Ein weiterer Punkt, der ebenfalls zur Generationen-Auswanderung aus der Kirche führt, ist das »frauen-verneinende System, das bis heute nicht aufgehört hat. Als Hebamme sehe ich tagtäglich, was die Frauen leisten. Schlicht und einfach gibt es kein Leben ohne die Frau. Die Kirche betrachtet die Frau nach wie vor als minderwertig. Als Frau habe ich deshalb in der Kirche eigentlich gar nichts mehr verloren. Für mich persönlich ist die Kirche nicht glaubwürdig. Sie spricht von Frieden und Gerechtigkeit, setzt sich selbst aber nur bedingt dafür ein. So kann doch kein Frieden herrschen auf dieser Welt, wenn noch nicht mal die Achtung und gleiche Rechte für Frauen bestehen.« Diese Worte erhielt ich von einer Frau Mitte 20.

Das erinnerte mich daran, dass es im Christentum im Grunde genommen stets die Frauen waren, die den Glauben weitergegeben haben. Frauen, die sich mit dem »frauenverachtenden System« der katholischen Kirche nicht identifizieren wollen, treten aus der Kirche aus – oder lassen zumindest ihre Kinder nicht mehr taufen. »Wie gesagt, eine Gleichberechtigung der Geschlechter ist dringend notwendig, um nicht noch mehr Menschen und vor allem auch Frauen von der Kirche zu distanzieren oder gar zu einem Austritt zu bewegen.« Das ist nicht etwa nur ein Hilferuf einer Frau, die mit der Kirche unzufrieden ist. Nein, es ist ein Alarmruf für die Kirche, wenn sie in den nächsten Jahrzehnten nicht völlig im Abseits versinken will.

Ein Problem der Kirche, nicht der Jugend

Wenn die Kirche in den Augen der jungen Menschen nicht attraktiv genug erscheint, haben diese keine Skrupel, die kirchliche Autorität zu ignorieren und ihr »eigenes Ding« durchzuziehen. Das lässt sich vor allem bei der kirchlichen Sexualmoral, die weit an der Lebensrealität der Jugendlichen vorbeigeht, erkennen. Regeln sind durchaus wichtig und für die kindliche und jugendliche Entwicklung unerlässlich. Dennoch sind sie bloß insoweit gut, als sie einigermaßen plausibel sind. Viele junge Menschen fühlen sich mit dem strengen Regelkatalog der katholischen Kirche überfordert. Kein Sex vor der Ehe, keine Verhütungsmittel, keine neue Heirat nach der Scheidung. Andere belächeln dies inzwischen nur noch.

Die Widersprüche zwischen Vorgabe und Realität werden von den Jugendlichen durchaus wahrgenommen; sie folgern daraus, dass nicht sie ein Problem haben, sondern die Kirche. Diese Haltung ist auch bei engagierten Jugendlichen anzutreffen, so bei »durchschnittlichen Teilnehmenden etwa an Weltjugendtagen, die in geradezu selbstverständlicher Weise kirchliche Aussagen zu vorehelichem Geschlechtsverkehr und zu künstlicher Empfängnisverhütung ignorieren«.[72] Die Morallehre der Kirche, an der nach wie vor so stur festgehalten wird, läuft ins Leere und verliert dadurch völlig an Bedeutung. Die jungen Menschen warten nicht darauf, dass die Kirche die Lehre ändert, sondern sie leben ihr Leben so, wie sie es für richtig halten. Die Kirche ist bemüht, Antworten auf Fragen zu erteilen, die gar niemand mehr stellt. Schon lange wird das, was von »da oben« kommt – damit ist nicht etwa Gott gemeint, sondern das kirchliche Lehramt – für die Menschen als nicht mehr lebensrelevant eingestuft. Von Generation zu Generation verliert das Konstrukt von Moralvorschriften an Bedeutung, bis es sich selbst abschafft.

Die verschiedenen Ebenen der Kirchenleitung dürfen dies nicht ignorieren. Die Kirche hat ein Problem. Das ist überdeutlich. Daher ist es wichtiger denn je, auf die »Zeichen der Zeit« zu hören und zu schauen, was wirklich relevant ist für die Menschen, damit sie zum Glauben finden und diesen in ihrer Kirche freudig leben können.

Die geschlechtliche Reife heutiger Menschen beginnt früher als noch vor hundert Jahren. Hingegen dauern die Ausbildungen und das Studium um einiges länger, sodass das Heiraten und das Kinderkriegen meist auf Mitte oder Ende 20 gerückt ist, wenn nicht sogar auf Anfang oder Mitte 30. Wenn Jugendliche bereits mit 13 Jahren ihre Sexualität entwickeln, aber erst mit 25, nach dem Studium, eine Festanstellung erhalten, entsteht eine Spanne von mindestens zwölf Jahren, in denen sie ihre Sexualität nicht leben sollen. Und selbst wenn jemand erst mit 20 den ersten Freund oder die erste Freundin hat, ist auch da die Spanne bis zur allfälligen Ehe sehr lang.

Ebenso sehen junge Erwachsene ein Problem der Kirche im Hinblick auf den Zugang zu den Ämtern. Junge Männer und Frauen fragen mich, warum es noch immer keine verheirateten Männer als Priester und keine Frauen als Priesterinnen gibt. Dabei hat die Kirche es selbst in der Hand, der Lebensrealität gerecht zu werden und die Zulassungsvoraussetzungen zu den kirchlichen Weihe- und Leitungsämtern zu ändern.[73]

Die Kirche ist für viele nicht kompatibel mit dem tatsächlichen Leben, da sie in ihren Augen fast nur »die Mächtigen« unterstützt und kaum echte gesellschaftliche Probleme im Licht des Evangeliums aufgreift. Viele kritisieren, dass die Kirche zum Selbstzweck geworden sei und nur ihre eigenen Interessen verfolge. Der Mensch mit seinen Problemen und Sorgen interessiere niemanden, hörte ich das eine oder andere Mal. Das stimmt natürlich so nicht, aber der Eindruck ist da.

»Bis heute will man die Augen vor Dingen der Gerechtigkeit scheinbar nicht öffnen. Anstatt diese wichtigen Beiträge zu thematisieren, scheint die Kirche viele Rückschritte zu machen und sich nicht dem Geist der Zeit anzupassen«, schrieb mir eine junge Studentin. »Es macht mir sehr weh im Herzen, dass die Frauen in der Kirche bis heute unterdrückt werden als Folge des Patriarchats. Aufgrund dessen meide ich die Kirche mehr und mehr. Sie setzt sich nicht ein für Gleichberechtigung der Frauen, dies finde ich sehr tragisch«, schrieb mir eine andere junge Frau.

Es gibt Reizthemen in der Kirche, die bei den jungen Menschen auf Unverständnis stoßen. Viele dieser Themen hindern junge Menschen daran, zum Kern des Glaubens vorzudringen. »Die katholische Kirche muss offener für alle Lebensmodelle werden«, so eine 35-jährige Frau. Die Haltung zu Sexualität und Verhütung, die Rolle der Frau in der Kirche und der Umgang mit Geschiedenen und Homosexuellen schrecken viele davon ab, sich auf den Glauben einzulassen und ihr Kirche-Sein zu vertiefen. Wenn die Kirche es nicht schafft, diese Mauern einzureißen, werden junge Menschen an der großen, hohen Wand umkehren und das Faszinierende am christlichen Glauben nicht erkennen und nicht leben können oder wollen. Es darf keinen Hürdenlauf mit Hindernissen aus Tradition und Obrigkeitstreue geben, sondern der gelebte Glaube muss an erster Stelle stehen.

Das hohe Ross

»Die Kirche ist eine furchtbare Organisation«, musste ich neulich von einem Teenager hören. Seine Worte verletzten mich, doch seinen Beweggründen für diese Aussage musste ich zustimmen. »So viele in der Kirche sind Heuchler. Es gibt so viel

Unehrlichkeit und Doppelmoral.« Ja, die Kirche tendiert dazu, hochnäsig zu sein. Viele Kleriker sitzen nach wie vor auf dem hohen Ross, obwohl sie dem Abgrund nahe sind. Die Kirchenleitung benimmt sich wie eine alte Diva, die erwartet, dass alle auf sie zukommen und sich alles um sie dreht. Paradox ist, dass diese Diva aus älteren Männern besteht, die Regeln festlegen, an denen schon viele zerbrochen sind. Für moderne Menschen, für unabhängig denkende Persönlichkeiten ist das alles andere als attraktiv. Es lässt sie daran zweifeln, dass diese Institution noch der passende Ort für sie ist.

Tragisch finde ich, dass jene an der Basis, die in den Pfarreien gute Arbeit leisten, darunter leiden. »Die Kirche ist dumm«, hörte ich einmal. Der ältere Herr, der das gesagt hatte, erklärte mir dann, dass er nicht die Kirche an sich als dumm bezeichnen möchte, sondern dass er bestimmte »Kirchenkader« zuweilen als schwerhörig für die Nöte der Zeit empfinde. Auch sei das intellektuelle Niveau in den letzten Jahrzehnten erkennbar gesunken, betonte der Herr und fügte hinzu, dass die Kirche von ihrem hohen Ross herabsteigen und wieder das sein solle, was ihr Wesen ausmache: eine Gemeinschaft der Suchenden, nicht eine Gemeinschaft der Besitzenden, die sich manchmal wie »Herrscher« benehmen.

Die Kirche ist eine Gemeinschaft der »Sünder«,[74] nicht der »Reinen« und »Heiligen«. Sie ist eine Gemeinschaft aus Schwachen und für Schwache, nicht nur für Starke. Sie ist eine Gemeinschaft, die alle liebt und nicht nur die potenziell »Perfekten« unter ihnen. Die Kirche muss wieder neu die große Sehnsucht der Menschen wahrnehmen, die in vielen jungen Herzen schlummert.[75] Die Kirche ist nicht nur für die sogenannten Frommen da.

Jugend-Jesus

Ist Jesus cool? An sich schon. Denn der biblische Jesus spricht mit seinem großen Gerechtigkeitssinn, seiner revolutionären Art und seiner sozialen Ader gerade junge Menschen an. »Mir gefällt dieser Jesus sehr, der stört, der aufrüttelt, denn es ist der lebendige Jesus, der sich durch den Heiligen Geist im Inneren bewegt. Und wie schön ist es, wenn ein Junge oder ein Mädchen sich von Jesus stören lässt, wenn ein junger Mensch sich nicht leicht den Mund verbieten lässt, wenn er lernt, den Mund nicht zu halten, der sich mit vereinfachenden Antworten nicht zufriedengibt, der die Wahrheit sucht, die Tiefe sucht, der hinausgeht, vorangeht, voran. Und der den Mut hat, sich Fragen zu stellen in Bezug auf die Wahrheit und vieles andere.«[76] Dies sagte Papst Franziskus bei der Begegnung mit Jugendlichen in der Wallfahrtskirche Nostra Signora della Guardia. Der Papst ermutigt die jungen Menschen, laut zu sein und sich – wie einst Jesus – nicht den Mund verbieten zu lassen.

Jesus ist den jungen Menschen in vielem ähnlich. Denn er war rebellisch, hatte Träume und lebte nicht nach den Konventionen der Gesellschaft. Die Jugend ist von einer gewissen Unruhe getrieben, und das war Jesus auch. Das ist die beste Voraussetzung dafür, dass Jesus zum Vorbild für die jungen Menschen wird. Doch viele haben das Gefühl, dass dieser Jesus von den Alten »gebucht« ist. So, als wäre er, der gerade für junge Menschen ein Vorbild sein kann, sozusagen Privateigentum der älteren Generation. Und dieser Jesus der Alten erscheint oftmals als langweilig, als einer, der am Ende seines Lebens zu allem Überfluss auch noch ans Kreuz genagelt wurde und dafür ewige Dankbarkeit erwartet, eine Spaßbremse auf der ganzen Linie. Nicht gerade verlockend für die quirlige, abenteuersuchende Jugend. Die Kirche darf den jungen Menschen Jesus nicht »wegnehmen«, sie darf Jesus nicht einseitig in Beschlag nehmen lassen, denn ohne ihn finden junge Leute schwerlich einen Bezug zum christlichen Glauben und zur Kirche.

Kürzlich unterhielt ich mich mit einem Mann, der 25 Jahre ehrenamtlich in der Kirche tätig war und so manches Gespräch miterlebt hatte. So seien einige Ältere der Gemeinde auf ihn zugekommen und hätten sich beklagt, »was die Jugendlichen doch alles kaputtmachen« würden mit ihren »modernen Vorstellungen«. Sie würden »Jesus gar nicht so sehen, wie es die Kirche vorschreibt«. – Darf Jesus wirklich nur so gedacht werden? Ist Jesus Christus nicht viel größer als all unsere Vorstellungen? Ist Gott nicht »größer als unser Herz« (1. Johannesbrief 3,20)? Ich bin mir sicher, dass in der Person Jesu jeder »etwas findet« und dass Jesus dadurch nicht kleiner wird.

In einer Tageszeitung war eine Meldung der Jesus-People-Bewegung zu lesen: »Gesucht wird Jesus Christus alias der Messias, Herr der Herren, Fürst des Friedens, berüchtigter Führer einer Untergrundbefreiungsbewegung. Er hat sich folgender Vergehen schuldig gemacht: Er praktiziert ohne Lizenz als Arzt, Weinhersteller, Essensverteiler. Er legt sich im Tempel mit Geschäftsleuten an, er verkehrt mit bekannten Kriminellen, Radikalen, Subversiven, Prostituierten und Leuten von der Straße. Er behauptet, die Autorität zu haben, Menschen in Kinder Gottes zu verwandeln. Äußere Erscheinung: typischer Hippie, langes Haar, Bart, Robe, Sandalen. Er treibt sich gern in Slums und Elendsvierteln herum, hat einige reiche Freunde, verkriecht sich oft in der Wüste. Achtung! Dieser Mann ist extrem gefährlich! Für seine zündende Botschaft sind besonders jene jungen Leute anfällig, denen man noch nicht beigebracht hat, ihn zu ignorieren. Warnung! Er läuft immer noch frei herum.«

Als ich das gelesen hatte, fragte ich mich, ob Jesus heute noch ansprechend genug ist für die Jugend. Oder weshalb dieser Aufruf in der Zeitung steht – um Menschen wieder mit ihm in Kontakt zu bringen? Ich denke, dass Jesus viele Aspekte aufweist, die für junge Menschen besonders wichtig sind. Etwa den Einsatz für das Gute, den untrüglichen Gerechtigkeitssinn und das soziale Engagement.

Dennoch erlebe ich immer wieder, dass der Vorbild-Jesus durch die strengen Doktrinen der Kirche einige junge Menschen davon abschreckt, den Jugend-Jesus ins eigene Leben zu integrieren. Sie sehen oftmals nicht zuerst den Religionsstifter, sondern die Institution Kirche mit all ihren Fehlern der letzten 2000 Jahre. Soll Jesus bei der Jugend Erfolg haben, muss die Institution etwas »lockerer« werden und aufzeigen, dass nicht die vielen Lehrschreiben und Ge- und Verbote im Vordergrund stehen, sondern Jesus Christus.

Keine spaßfreie Zone

Manche ältere Menschen denken, die junge Generation habe nur Spaß im Kopf, ohne Verantwortung zu übernehmen oder dem Leben ernst entgegenzublicken. Aber lebt die junge Generation wirklich nur im »Spaß-Modus«? Bilder auf Facebook-Profilen und Instagram-Seiten verstärken diesen Eindruck sicherlich; dennoch gibt es viele junge Menschen, die sich engagieren – ganz vielfältig und in unterschiedlichen Bereichen. Sie übernehmen Verantwortung und leisten einen positiven Beitrag in der Gesellschaft und für die Welt. Sich engagiert einzusetzen und dabei Spaß zu haben ist kein Gegensatz in sich. Gerade die Aussicht auf Spaß kann junge Menschen dazu antreiben, etwas Gutes zu tun. Die neuen Medien können dabei helfen. Man kann durch Facebook-Posts und Videos auf Youtube unterschiedliche Themen (z. B. Umweltfragen, Ungerechtigkeiten) ansprechen, dadurch etwas bewegen und dabei eine Menge Spaß haben. Wo steht geschrieben, dass Gutes tun nicht auch Spaß machen darf? Immer wieder staune ich über das große Engagement und die Verbundenheit unter Menschen in den Sozialen Medien. Dort wurden schon oft Spenden gesammelt, sodass Menschen in schwierigen Lebenssituationen großzügig geholfen werden konnte. Ebenso steht für junge Menschen Spaß nicht im Gegensatz zum Glauben oder zur Zugehörigkeit zu einer Institution, im Gegenteil. Um eine porentief spaßfreie Kirche werden junge Menschen einen weiten Bogen machen.

Das Leben feiern

In meiner Jugend war ich viel auf Partys – und in der Kirche. Alle meine Freunde und Klassenkameraden gingen am Wochenende auf Partys. Am Samstagabend feierten wir im Club das Leben, am Sonntag im Gottesdienst Jesus Christus. Das geht gut zusammen, bezeichnet sich doch Jesus selbst als das Leben (Johannes 14,6). Indem ich mein Leben feiere, feiere ich bewusst oder unbewusst auch den, der es mir geschenkt hat: Gott.[77]

Ich habe Haupt- und Ehrenamtlichen aus Pfarreien schon öfters gesagt: Warum nicht mal einen Jugendgottesdienst mit peppiger Musik am Samstagabend ansetzen und danach alle, die bereits das richtige Alter haben, einladen, in einen Club zu gehen? Denn an beiden Orten wird gefeiert. Natürlich wäre eine Vertiefung im Vorfeld vonnöten, damit das »gemeinsame Feiern« nicht plump und oberflächlich wird. Wenn ich im Gottesdienst bin, feiere ich die Freundschaft mit Jesus Christus und Gottes Gegenwart. Ich persönlich »feiere« im Club, dass ich die Möglichkeit habe, zu feiern. Ich feiere, dass ich leben darf, und genieße den Moment.

In meiner Heimatpfarrei hatten wir einen sehr modernen Pfarrer, der wusste, dass Partys einfach zur Lebenswelt der Jugend gehören. Einmal im Monat lud er alle Ministranten, Pfadfinder und sonstige junge Menschen zu sich ins Pfarrhaus, kochte für alle und stellte Getränke - auch alkoholische - zur Verfügung. Einmal war der Abend an Fasnacht. Die älteren Jungs hatten im Pfarrhaus schon einiges getrunken, sodass keiner mehr zur Party fahren konnte. Kurzerhand, ohne dass jemand gefragt hatte, stand der Pfarrer auf und rief den jungen Menschen zu, dass er sie zur Party fahren werde. Er konnte es nicht verantworten, dass einer von ihnen fuhr. Soviel ich weiß, hat er sie nachts auch wieder abgeholt, damit jeder sicher wieder nach Hause kam. Das ist echte Seelsorge, die uns Jugendlichen beeindruckt und uns in der Kirche gehalten hat. Wir wussten, dass man bis in die frühen Morgenstunden auf Partys tanzen darf und danach noch etwas müde am Sonntagmorgen im Gottesdienst beten kann. Der Pfarrer genoss bei Jung und Alt großes Ansehen. Vor allem aber bei der Jugend, da sie so sein durfte, wie sie ist. Keiner wurde vom Pfarrer deswegen verurteilt.

Das erste Projekt des Gemeindereferenten, der für die Jugendarbeit zuständig war und selbst frisch von der Universität kam, war eine Bar im Pfarrheim. Die älteren Ministranten (manche von ihnen gingen auf 19 oder 20 Jahre zu) bauten fleißig an der Bar. In meiner Klasse waren sehr viele Jungs Ministranten; sie gingen oft ins Pfarrheim an die Bar – den Alkohol roch man noch am nächsten Tag im Klassenzimmer. Aber auch das gehört eben dazu. Die jungen Menschen wollen Party machen. Sie wollen sich am Samstagabend nicht in frommen Bibelkreisen treffen und heilige Lieder singen. Ich sehe die Einladungen ins Pfarrhaus und die Bar als Erfolg der Jugendarbeit meiner Pfarrei an – schließlich hatten wir enorm viele Ministranten, und viele von ihnen übten diesen Dienst bis zum Beginn des Studiums aus, also bis sie etwa 20 Jahre alt waren.

Diese Geschichte erzählte ich auch in einer Gruppenstunde mit Firmlingen. Spät am Abend erhielt ich eine lange Mail einer 17-Jährigen, die während des Gesprächs nicht den Eindruck gemacht hatte, irgendein Interesse an der Kirche oder an der Firmung zu haben. Sie war begeistert von der Bar-Idee und konnte sich vorstellen, sich auf diese Weise in die Kirche einzubringen. Sie schlug die Bar ihren Freundinnen und Freunden aus dem Firmkurs vor. Allerdings schien niemand an die Möglichkeit zu glauben, diese Idee realisieren zu können. So wurde sie an den Nagel gehängt, noch bevor sie überhaupt zur Pfarreileitung weitergeleitet wurde. Alle hielten es für aussichtslos. »Meine Generation ist müde, etwas in der Kirche zu machen. Es bringt ja eh nichts«, musste ich schweren Herzens in der Mail der jungen Frau lesen. Ihre Freunde hatten die Erwartung, dass sie keine Bar bauen dürfen. Sie gaben von vornherein auf, da sie dachten, dass sie als Jugendliche ohnehin keine Mitsprache in der Kirche haben.

»Bunkerschwestern«

Die katholische Kirche wünscht sich – so kommt es öfters bei der Außenwelt an – gehorsame Frauen. Eine Netflix-Comedy-Serie mit dem Titel »Unbreakable Kimmy Schmidt« erzählt von einer jungen Frau, die von einem Sektenführer, der dachte, der Weltuntergang stehe kurz bevor, mit drei weiteren Frauen für 15 Jahre in einen Bunker eingesperrt wurde. Nachdem die vier Frauen befreit worden sind, entschließt sich Kimmy Schmidt, nach New York zu ziehen, um ein neues Leben zu beginnen. Sie hinterfragt alles, ist nicht einfach gehorsam anderen gegenüber, und Unterwerfung ist ein Fremdwort für sie. Eine andere der Frauen sucht nach der Befreiung immer wieder männliche Anführer, um sich diesen zu unterwerfen. Sie ist hörig und versteht nicht, dass dies der falsche Weg ist, um glücklich zu werden.

Bei einer dieser Folgen, als die selbstbewusste Kimmy Schmidt ihrer »Bunkerschwester« ins Gewissen redete, fiel mir auf, dass genau das die Kirche von den Frauen wünscht: eine Bunkerfrau, die nicht zu viele Fragen stellt. Über theologisches Wissen darf die Frau durchaus verfügen, aber sie soll alte Strukturen möglichst nicht in Frage stellen.[78]

Die heutigen jungen Frauen sind aber alles andere als »Bunkerschwestern«. So, wie ich sie erlebe, würde ich sie eher als eine Kimmy Schmidt bezeichnen: freiheitsliebend, kritisch, hinterfragend und selbstbewusst. Ein gebücktes Ja und Amen ist aus ihnen kaum zu pressen. Die Emanzipation heutiger Mädchen steht oftmals im Widerspruch zum verstaubten Frauenbild der Kirche. Gerade junge Frauen haben ein Problem mit Institutionen, die Menschenrechte innerhalb der eigenen

Reihen anders bewerten als außerhalb und Frauen nicht die gleichen Rechte einräumen.

Die Generation Y sieht traditionelle Rollenbilder überaus kritisch. Was nicht geht, sind Männer, die vorschreiben, wie frau zu sein hat. Dann brechen die jungen Frauen aus und werden zur Kimmy Schmidt, die alles daran setzt, nie wieder »Bunkerschwester« sein zu müssen.

Vitamin V

Meine Großmutter drängte mich als Kind, zu beten oder in die Kirche mitzugehen. Meist konnte ich mich erfolgreich gegen den Kirchenbesuch wehren. Ich mochte diese Art von »Glauben aufdrücken« nicht. Durch Zwang kann man keine ehrliche und aufrichtige Gottesbeziehung aufbauen. Ebenso wenig, wenn jemand die ganze Zeit sagt: »Du musst glauben, weil ...«. Er oder sie wird sich so sicher nicht »bekehren« lassen. Die Annahme des Glaubens hängt vom persönlichen Zeugnis und vom Vorleben christlicher Werte ab. Nur dann beginnen andere, zu fragen: »Warum lebst du so?« Papst Franziskus formuliert sehr schön: »Der Glaube ist eine Gnade Gottes, und die Unruhe [die innere Suche] des Heiligen Geistes ist notwendig, um Glauben zu haben, und die Unruhe des Heiligen Geistes kommt auch von unserem Zeugnis. [...] Zuerst tun, dann erklären.«[79]

Für junge Menschen ist das persönliche Zeugnis sehr wichtig. Wenn Gleichaltrige, aber auch ältere Menschen Zeugnis von ihrem Glauben geben, können sie zum Vorbild werden. Eine institutionalisierte Gläubigkeit kommt bei Jugendlichen heute weniger gut an. Denn für sie ist es wichtig, den Glauben hautnah zu erleben, ihre eigenen Erfahrungen mit dem Glauben zu machen und dabei von authentischen Personen begleitet zu werden. Viele Jugendliche ticken nach dem Motto: Was jene oder jenen bewegt und begeistert, das will ich auch. So begeben sich junge Menschen auf die Suche. Doch wenn die Kirche keine Vorbilder mehr zu bieten hat, die in ihrem Leben glaubwürdig Zeugnis für den Glauben geben und davon so begeistert sind, dass sie andere anstecken, wird sie es schwer haben, junge Menschen dafür zu gewinnen.

Ein 67-jähriger Mann sagte mir, dass es in seiner Jugend noch Vorbilder gab, die ihm im Glauben geholfen haben. Er kritisierte, dass die Kirche - vor allem in unseren Breitengraden - heute zu wenige »Zeugen« habe, welche die jungen Menschen im Herzen berühren und begeistern können.

Die katholischen Milieus haben sich angesichts gesellschaftlicher und religiöser Pluralisierung weitgehend aufgelöst.[80] Dies blieb nicht ohne gravierende Auswirkungen auf die Institution Kirche. So verwundert es nicht, dass sich die katholische Kirche in einer tiefen Autoritäts-, Identitäts- und Glaubenskrise befindet. Von der Kraft, die von Jesus Christus ausgehen könnte, ist in Gesellschaft und Kultur selbst unter Christen wenig bemerkbar. Dennoch müssen Christen ihren Glauben bezeugen und vorleben. Gerade angesichts der wachsenden Zahl der Nichtglaubenden sollte das christliche Gesicht wieder erkennbar werden.

Wo sind die »Heldinnen und Helden« bei uns, auf die wir schauen können? Ich bin überzeugt, dass junge Menschen sich ansprechen lassen, wenn sie jemandem begegnen, der überzeugend Christ ist. Kirchliche Jugendarbeit geschieht immer in der Hoffnung, dass das Evangelium bei der jungen Generation fruchtet und durch diese in der Welt sichtbar und erfahrbar wird. Damit der Glaube weitergegeben werden kann, muss er entdeckt und erlebt werden. Das Evangelium muss eine Relevanz für das Leben der Jugendlichen haben. Und das gelingt am einfachsten durch Menschen, die bereits in ihrem Glauben stehen und von diesem Zeugnis geben. Jugendliche suchen nach authentischen Antworten. Sie wollen hören, was Erwachsene glauben und was anderen Jugendlichen und Erwachsenen Halt im Glauben und in der Kirche gibt. Vorbilder müssen nicht immer gleich Heilige sein. Das normale, »einfache«, aber authentische Zeugnis im Glauben reicht völlig aus.

Ich bezeichne das gern als Vitamin V. Schon Paulus spricht davon: »Nehmt mich zum Vorbild, wie ich Christus zum Vorbild nehme!« (1. Korinterbrief 11,1). Menschen brauchen Leitbilder und Orientierung, die sie bei Menschen suchen, die ihnen Vorbilder sind. Unsere Zeit ist arm an guten Zeugen, aber gleichzeitig voll von Menschen, die auf Youtube Vorbild für andere sein wollen, sei es mit Schminktipps oder als Rapper. Wenn die Kirche es nicht mehr schafft, Jesus und seine heutigen Jünger als Vorbild zu vermitteln, suchen sich die Menschen eben andere Vorbilder: Sportler, Sänger, Filmschauspieler oder politische Revolutionäre. Fehlen die religiösen Vorbilder in unserer Kirche, fehlen früher oder später auch die Menschen in den Kirchenbänken.

Während meines Theologiestudiums besuchte ich ein pastoralpsychologisches Seminar, bei dem jeder Teilnehmer eine Person suchen musste, die nicht christlich sozialisiert worden war und erst im Jugend- oder Erwachsenenalter zum Glauben gefunden hat. Interessant daran war, dass sich ein Muster zeigte: Alle Menschen, egal woher sie kamen und welchen

»Lebensrucksack« sie trugen, hatten etwas Verbindendes. Nämlich Menschen in ihrem Umfeld, die überzeugend Zeugnis von Jesus gegeben haben. Sie brannten in ihrem Glauben und konnten authentisch von Jesus Christus erzählen. Der Geist des Christentums kann wieder neu in die Herzen wehen, wenn es Menschen gibt, die im Glauben »brennen« und diesen mit großer Begeisterung anderen vermitteln können. Dafür bedarf es einer starken Kirche, die das fördert. Jemand, der optimistisch und voller Glaubensvertrauen durchs Leben geht, ist ansteckend.

Vor einigen Jahren erhielt ich eine E-Mail einer Gleichaltrigen. Wir hatten uns mit 16 Jahren in einer Kur an der Nordsee kennengelernt und dort vier Wochen zusammen verbracht. Nach dem gemeinsamen Aufenthalt brach der Kontakt schnell ab. Dennoch blieb ich ihr offenbar im Gedächtnis. Nach sieben Jahren schrieb sie mir, dass sie noch heute einen ganz bestimmten Bibelspruch im Kopf hat, der sie begleitet. Es ist mein Lieblingspsalm,[81] den ich in den vier Wochen täglich mehrmals sagte, auch wenn andere Jugendliche dabei waren – und mir war es egal, was sie darüber dachten. Und wie ich der Mail sieben Jahre später entnehmen konnte, hatte ich durch mein Zeugnis einen kleinen Samen gepflanzt, der inzwischen zu einer schönen Blume herangewachsen war.

Die Kirche muss hinaus zu den jungen Menschen

Viele Jugendliche sind offen für religiöse und spirituelle Angebote. Sie sind mit vielen Fragen und Problemen konfrontiert und erleben immer wieder Momente der Sehnsucht nach Spiritualität und Religiosität. Warum sollte die Kirche die jungen Menschen nicht wieder für sich gewinnen können? Sie muss allerdings auf die Sehnsucht der Jugend eingehen und brennende Lebensfragen beantworten können.

Dazu reicht es nicht, dass die Kirche ihr Angebot anpasst, sondern es bedarf eines veränderten Denkens: von einer »Komm-Kultur« zu einer »Geh-Struktur«. Dabei müssen alle Lebenssituationen der jungen Menschen im Blick sein und daraufhin muss eine »Geh-Pastoral« entwickelt werden. Kardinal Walter Kasper schrieb schon vor Jahren weitsichtig: »Wir dürfen immer weniger eine Komm-her-Kirche sein und müssen immer mehr eine Geh-hin-Kirche werden, die hinausgeht an die Hecken und Zäune. Das schließt nicht zuletzt soziales Engagement und vorrangige Optionen für die Armen und für die Jugend ein.«[82]

Es ist Aufgabe der Kirche, »in mutiger Kreativität zu jungen Menschen hinauszugehen, sie zu sehen und sie zu rufen, sodass junge Menschen der Freude des Evangeliums begegnen können. Durch glaubwürdige Bezugspersonen und einladende Räume kann die Kirche Jugendlichen helfen, in der Entscheidungs- und Unterscheidungsfähigkeit im Licht des Evangeliums zu wachsen«.[83]

Kirchliche Bildung muss wie ein Kinofilm sein ...

Der Religionsunterricht ist ein wichtiger Faktor für die Entwicklung des eigenen Glaubens und für das Erlernen christlichen Traditionsgutes. Da Religion zum Leben der Schülerinnen und Schüler gehört, muss sie auch einen Platz in der Schule haben – und nicht nur in Form des Religionsunterrichts. Auch selbstgestaltete Schülergebetskreise, Schulgottesdienste zu Beginn des neuen Schuljahres oder Abschlussgottesdienste sind Formen, um Jugendliche auch innerhalb der Schule zu fördern. Dazu braucht es einen engen Kontakt zwischen Schulen und Kirchengemeinden. In meiner Schule wurden in der Adventszeit sogenannte »Frühschichten« angeboten. Gestaltet wurden sie von der Pfarrei in Zusammenarbeit mit dem katholischen und dem reformierten Religionslehrer. Vor der Schule trafen wir uns im reformierten Gemeindesaal. Es gab eine kleine Andacht zum Advent und danach ein Frühstück. Es wurde gelacht und über Gott und die Welt gesprochen.

»Kirchliche Bildung muss wie ein spannender Kinofilm lebensnah und aufrüttelnd, aber auch inhaltlich anspruchsvoll und herausfordernd sein«, sagt Thomas Schlag.[84] Er ist der Meinung, dass – wenn dies gelingt – ein Grund zur Hoffnung bestehe und die Kirche dem säkularen Trend die Stirn bieten könne.

Jugendliche sollen lernen, ihren Glauben in Worte zu fassen und biblische Geschichten mit eigenen Lebenserfahrungen in Verbindung bringen zu können. Ihnen muss gezeigt werden, was in der Bibel steht, wie es dazu kam und was es mit dem eigenen Leben zu tun haben könnte. Den Glauben in Worte zu fassen, muss erlernt sein. Denn nicht jeder Mensch hatte in seiner Biografie Kontakt mit dem Glauben. »Der Glaube kommt vom Hören«, weiß schon der Apostel Paulus: »Wie sollen sie an den glauben, von dem sie nichts gehört haben? Wie sollen sie hören, wenn niemand verkündet?« (Römerbrief 10,14). Je früher ein Mensch in Berührung mit dem Glauben kommt, umso nachhaltiger wirkt sich das auf sein Leben aus.

Angesichts der heutigen Welt, die von ständigem gesellschaftlichem und kulturellem Wandel geprägt ist, wird die einst als unverrückbar erscheinende kirchliche Tradition immer wieder kritisch hinterfragt. Wollen christliche Erziehung und Bildung wirksam sein, müssen sie neu bedacht werden.

Die Gemeinden und auch der Religionsunterricht stehen vor der Aufgabe, die Lebenskraft des christlichen Glaubens so zu lehren und zu verkünden, dass die jungen Menschen davon ergriffen werden. Da junge Menschen in einem ständigen Prozess der Identitätsfindung sind, kann gerade der Religionsunterricht ein Ort der Orientierung sein, damit sie aus ihrem eigenen, von Gott geschenkten Leben heraus Perspektiven finden und entwickeln können. Es geht dabei immer auch um Werte und Lebenssinn, mithin um ethische und religiöse Fragen.

Früher herrschte in der Schule eine strenge Kontrolle über das christliche Glaubensleben. So wurde der Katechismus unreflektiert eingetrichtert. Dies ist auch ein Grund, weshalb viele ältere Getaufte kirchen- und sakramentenüberdrüssig geworden sind. Die damalige ständige Angstmacherei, das stumpfe Auswendiglernen von Glaubensformeln schreckt heutige Erwachsene noch immer ab. Sie wollen Katechismus-Formeln nicht mehr einfach reflexionslos übernehmen. Und heutige Jugendliche wollen das schon mal gar nicht. Sie sind kritisch und hinterfragen; sie nehmen etwas erst an, wenn es gut begründet ist. Und es bedarf einer Relevanz im eigenen Leben.

Zwar wird heute mit neuen Formen des Katechismus geworben. Etwa mit dem Youcat, der aber nur eingeschränkt angenommen wird. Er wird den Traditionsabbruch in der katholischen Kirche kaum aufhalten können.[85] Früher stand noch in jedem Haushalt ein Katechismus. Heute kennen die meisten Jungen dieses Buch gar nicht mehr. Ich habe mir mal die Mühe gemacht, den kompletten Katechismus, der über 800 Seiten umfasst, von vorn bis hinten durchzulesen und wichtige Passagen zu unterstreichen. Ich habe mir Notizen an den Rand gemacht, sodass mein Exemplar nun eher wie ein Studienbuch aussieht. Einige Dinge, die im Katechismus zu lesen sind, sind äußerst skurril und lebensfern – sie entsprechen nicht mehr der Zeit und haben vielleicht nie einer Zeit entsprochen. Vieles im Katechismus ist sehr schön geschrieben und hat mir beim Verständnis oder bei der Glaubensvertiefung geholfen; manches hat mein Herz berührt, da es ausdrucksvoll formuliert ist – doch einfach zu lesen ist das Glaubensbuch nach meiner Auffassung nicht. Wie sollen Jugendliche durch den Katechismus zum Glauben geführt werden, wenn sie kaum über das notwendige Hintergrundwissen verfügen?

Der Youcat ist immerhin ein Versuch. Im Youcat sind Glaubensformeln einfacher und griffiger formuliert und durch kleine Bilder und Zitate flankiert; Bibelverse wurden gezielt ausgesucht. Die Aufmachung des Youcat ist sehr gut gelungen. Ebenso lädt die Kürze der Gebete ein und überfordert beziehungsweise langweilt nicht. Er ist schön zum Anschauen und Lesen, und auch die Zitate von vorbildlichen Menschen am Rand sind Quellen der Inspiration.

Ein 16-jähriger Teenager erzählte mir, dass er katholisch sozialisiert sei. Er selbst glaube an Gott und gehe ab und zu in die Kirche. Soviel er wisse, sei er der Einzige in seiner Klasse, der an Gott glaubt. Das Thema Glaube sei in seinem Freundeskreis ein Tabu. Er erzählte mir von seinem Firmkurs, von dem er nichts mitnahm, und vom Religionsunterricht, den er mit dem

Wort »Mandala malen« verband. Als ich ihm ein paar Passagen aus dem Youcat zeigte, gab es ein Wechselspiel zwischen Lachen und Fremdschämen. Als ich ihm den Psalm 34,9[86] vorlas, meinte er trocken: »Das weckt nichts in mir.« Danach las ich ihm ein paar kurze Gebete aus einem Jugend-Gebetbuch vor. »Da wird versucht, modern zu sein. Es wirkt irgendwie aufgesetzt.« Zu »hip« sei auch nicht gut, »da zu fest probiert wird, auf jung zu machen«.

Wenigstens bei den christlich sozialisierten Jugendlichen, deren Eltern noch immer regelmäßig in die Kirche gehen und daheim auch manchmal über den Glauben sprechen, dachte ich früher, würden Jugendbücher wie der Youcat noch ankommen. Ich war ratlos.

Ich habe bis jetzt nur ganz wenige Jugendliche kennengelernt, die den Youcat (den viele zur Firmung geschenkt bekommen) gelesen und daraus etwas mitgenommen haben. Und: Wer liest den Youcat? Jemand, der den Glauben finden will? Wohl kaum. Eher jemand, der den Glauben bereits gefunden hat und diesen nun katholisch vertiefen will.

Der Jugendliche sagte, dass es ein *Dilemma der Sprache* gebe. Weder die »altmodische« noch die »moderne« Sprache kämen bei ihm an. Er habe zur Firmung einen Youcat bekommen, aber darin bis jetzt nur geblättert. Dennoch lobte er den Versuch, mit Hilfe der Jugendgebetbücher den Jugendlichen den Glauben und die Kirche näherzubringen.

Ich bin überzeugt, dass bei den jüngeren Generationen nach wie vor die Person des Katecheten oder der Katechetin, der Religionslehrerin oder des Religionslehrers ausschlaggebend ist, um nachhaltige religiöse Bildung zu ermöglichen. Glaube vermittelt sich nicht über Bücher oder überhaupt über Medien, sondern über Menschen in der persönlichen Begegnung. Nur die Lehrperson, die ausstrahlt, was sie erzählt, und die selbst davon überzeugt ist, kann auch andere überzeugen. Auch ehrliche Kritik an kirchlichen Positionen wird von den Schülern als authentische Auseinandersetzung mit dem Glauben wahrgenommen. Kinder und Jugendliche merken sofort, ob jemand hinter dem Gesagten steht. Gerade im Bereich Religion ist das persönliche Zeugnis wichtig und kann zur Inspiration für junge Menschen werden, sich auch selbst auf Glaubenssuche zu begeben.

KAPITEL 4

»God-bye« und kein Ende?

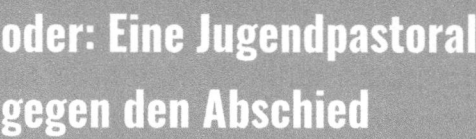

oder: Eine Jugendpastoral gegen den Abschied

Die Firmung, das Sakrament der Verabschiedung?

Das Sakrament der Firmung wird von vielen jungen Menschen schon gar nicht mehr empfangen. Als ich damals beschloss, mich firmen zu lassen, war das ein bewusster Akt freier Entscheidung. Ich wollte meinen Glauben noch tiefer werden lassen und Gott noch intensiver in meinem Leben spüren. Die Firmung hat mir dabei geholfen und mich auf meinem Glaubensweg weitergebracht.

Die Pfarrei lud, bevor es in den Firm-Vorbereitungskurs ging, zu einem Schnuppernachmittag ein. Dort erfuhren wir etwas über die Firmung und hatten die Möglichkeit, verschiedene Stationen zu besuchen. Bei einer Station konnte auf große Plakate geschrieben werden, warum man sich firmen lassen will. Ich war erschrocken und peinlich berührt, zu lesen, dass die meisten auf das große Plakat »Geld« oder »Geschenke« geschrieben hatten. Als zweithäufigster Grund wurde genannt »Meine Eltern wollen es.« Dementsprechend sucht man die meisten Jugendlichen nach der Firmung in der Kirche vergeblich.

Ist die Firmung wirklich zu einem »Abschieds-Sakrament« verkommen? Man besucht fast widerwillig den Vorbereitungskurs, stellt auf Durchzug, damit auch ja nichts hängen bleibt, geht dann – nach nervenden Monaten der Vorbereitung – zur Firmung und bekommt anschließend ein Kuvert mit Geld von der Familie, vielleicht eine Reise und das zufriedene Lächeln der Großtante, der die Kirche ja so wichtig ist.

Bei der Firmung eines Freundes stand in der großen Stadtkirche im Altarbereich eine Leinwand, auf der jeweils ein Bild und der Name jener Person erschien, die vor dem Bischof stand und von ihm gefirmt wurde. Daneben stand ein Halbsatz »Ich lasse mich firmen, weil ...« Im Vorfeld hatten die FirmandInnen einige Wochen Zeit gehabt, sich Gedanken zu machen, was sie sich von der Firmung erhoffen. Einige schrieben, dass sie ihren Glauben vertiefen wollen. Einer ergänzte den Satz mit »... weil ich dann Geld bekomme«. Ein Raunen ging durch die Kirchenbänke. Hinter mir tuschelten welche, dass man das doch nicht sagen darf. Ich musste schließlich schmunzeln und dachte mir: Immerhin war er ehrlich. Da hat er sich doch allemal an die Zehn Gebote gehalten. Ich fand es mutig. Dieser Firmand hätte ja auch schreiben können, »... um Gott näherzukommen; ... um der Gemeinschaft der Kirche anzugehören«. Doch er entschied sich für die Wahrheit.

»Wahrheit« ist in der christlichen Theologie ein großer Begriff, der durchaus seine Bedeutung hat, da Jesus Christus sich selbst als »der Weg, die Wahrheit und das Leben« bezeichnet (Johannes 14,6). Wandelt dieser junge Firmand mit seinen ehrlichen Worten nicht auch in der Wahrheit Christi? Ich hoffe, dass er dem Heiligen Geist nicht nur in Form einer »Finanzspritze« begegnet ist, sondern Jesus Christus in seinem Leben immer wieder spürt.

Innerlich ist die Firmung für sehr, sehr viele junge Menschen eine Verabschiedung von der Kirche – frei nach dem Motto: »Das muss ich noch hinter mich bringen, dann bin ich sie endlich los, die Kirche.« Ja, und damit verkümmert die Firmung zu einem Abschieds-Sakrament, das für viele der erste Schritt zum Kirchenaustritt ist. Ist das die Zukunft der Sakramente und der Glaubensverbreitung hierzulande?

Ich denke immer wieder an meine eigene Firmvorbereitung: Unsere Gruppenleiterinnen waren zwar keine Theologinnen, aber sehr engagiert und im Glauben tief verankert. Ich habe ihnen geglaubt, was sie vermitteln wollten. Nun ja, ich war ja bereits begeistert von der Kirche. Viele in meiner Gruppe hingegen eher weniger. Sie machten lediglich mit, um es hinter sich zu bringen. Es war nicht nur ein Stunden-Absitzen, es gab auch verschiedene Projekte, die wir machen durften und mussten. Ich entschied mich damals für eine Taizé-Reise, so wie meine Schwester zwei Jahre später, die ebenso davon berührt und begeistert war.

Klar, auch ich wäre abends lieber daheim geblieben und hätte mich vor dem Fernseher entspannt, als zwei Stunden über teilweise unbequeme und komplizierte Sachen zu sprechen. Wer versteht denn das mit dem Heiligen Geist? Und dem Jesus, der irgendwie auch Gott ist? Wer sich nicht wirklich mit diesen Themen intensiv beschäftigt oder jemanden zur Seite hat, der den christlichen Glauben einfach und präzise erklären kann, hat schon ziemlich verloren und wird früher oder später die Freude daran verlieren.

Einige Monate vor der Firmung des jüngsten Bruders meines Mannes reisten wir für ein paar Tage nach Rom. Es war unser Geschenk zur Firmung. Die Firmvorbereitung wurde nicht sonderlich gelobt. Da es uns aber wichtig war, dass er vor der Firmung wissen sollte, welche Bedeutung dieses Sakrament für ihn hat, beschlossen wir, in die Ewige Stadt zu reisen. Wir verbrachten dort zwar nur drei Tage, aber die hatten es in sich. Eine Kirche nach der anderen besichtigten wir, beteten dort auch und sprachen viel über den Glauben und über Gott. Und - was natürlich nicht fehlen darf - wir genossen das Leben in Rom mit gutem Essen. Bereits am ersten Abend sagte mein junger Schwager, dass er an diesem einen Tag mit uns mehr gelernt habe als in neun Monaten Firmvorbereitung.

So war ich sehr erstaunt über das Wenige, was dort gelehrt wurde. Es wurde nicht über den persönlichen Glauben an Gott gesprochen, sondern nur darüber, was die Stärken und Schwächen des Firmanden seien. Ich dachte mir: Vielleicht sollte man die Firmvorbereitung kürzer halten und stattdessen eine thematische Reise nach Rom, Jerusalem oder Taizé durchführen. Am letzten Tag gingen wir nach Santa Maria in Trastevere und beteten zusammen in einer Seitenkapelle. Ich spürte, wie andere Touristen uns fotografierten – es war vermutlich ein seltenes Motiv: drei junge Menschen, normal gekleidet, die kniend einen Rosenkranz beten. Aus Überzeugung und nicht, weil es jemand vorgeschrieben hat.

Mein Schwager hatte zuvor noch nie einen Rosenkranz gebetet, obgleich ihm im Firmkurs diese »Kette« bereits begegnet war. Er war dankbar, dass wir zusammen mit ihm gebetet haben. Allein wäre er wohl kaum auf die Idee gekommen, auch wenn er im Firmkurs dazu angeregt wurde.

Die Firmung ist kein Abschieds-Sakrament, auch wenn sie in Italien gern so genannt wird. Sie ist ein Ausgangspunkt ins christliche Leben. Nicht ein Hafen, in den man einläuft, sondern einer, aus dem man hinausfährt. Will die Firmung eine Bedeutung im Glauben der jungen Menschen haben, muss die Freude des Evangeliums deutlich werden. Es müssen *andere* Formen gefunden werden, um Teenager vom Glauben zu überzeugen und ihnen einen lebendigen Gott zu vermitteln, der sie in schweren und leichten Momenten ihres Lebens begleitet.

In einer Kirche in Österreich entdeckte ich einen Flyer, der Jugendliche, die gerade gefirmt wurden, ansprechen sollte. Für die jungen Menschen wurde ein Event veranstaltet, der mit dem Untertitel »48-Stunden-Party« ausgeschrieben wurde. Die Erklärung zu dieser Veranstaltung fand ich sehr schön: »Firmsplash gibt dir die Möglichkeit, so wie die Maturareise für MaturantInnen, deine Firmung mit deinen Freunden und Freundinnen zu feiern.« Es ist schön, dass es Programme gibt, welche die Firmung als Feier ernst nehmen und in die Realität der jungen Menschen übersetzen. Feiern mit der Familie am Nachmittag der Firmung bei Kaffee und Kuchen ist gut und recht. Aber Feiern bedeutet namentlich für die Jugend, Zeit mit Gleichaltrigen zu verbringen. Geworben wurde in dem Flyer mit Angeboten, die es auch auf einem Festival geben könnte: Cocktailbar, Beachvolleyballplatz und Live-Konzert. Veranstaltet wurde dieser Firm-Event von der Katholischen Jugend der Erzdiözese Wien. Ich bin mir sicher, dass dort die Firmung wirklich *gefeiert* wurde.

Jugendliche mit Gott »konfrontieren«

Ich glaube, dass man junge Menschen zuweilen einfach mit Gott konfrontieren sollte. Immer wieder höre ich, dass man doch nicht über Gott sprechen könne, da dies die Jungen verschrecken könnte. Ich merke jedoch, dass viele interessiert sind und nur darauf warten, über Gott sprechen zu dürfen. Auch wenn jemand nicht gläubig ist, hat er bestimmt eine gewisse Vorstellung von Gott. Gerade Firmandinnen und Firmanden kritisieren mir gegenüber immer wieder, dass ihre Firmvorbereitung mehr ein Selbstfindungskurs denn eine Gottesfindung war. Sie hätten gern mehr über Gott erfahren als über sich selbst.

Vielleicht besteht bei den FirmleiterInnen eine gewisse

Angst, da sie annehmen, dass die Jugend über Jesus Christus nichts mehr hören wolle. Dabei macht die Auseinandersetzung mit diesem Thema es ja gerade spannend für den persönlichen Glauben. Was haben die Pfarreien dabei zu verlieren? Wenn die Jugendlichen nicht in die Kirche gehen, nachdem ihnen Gott »zugemutet« wurde, sind die Kirchenbänke vermutlich nicht leerer als nach dem Selbstfindungs-Firmkurs.

Die »Konfrontation mit Gott« habe ich selbst bei einer Jugendlichen versucht, einer Freundin aus dem Boxclub, die zehn Jahre jünger ist als ich. Damals war sie 14 Jahre alt. Wir redeten viel über Gott, und eines Tages fragte ich, ob sie mit mir in die Kirche gehen möchte. Sie ließ sich darauf ein. Als wir die Kirche besuchten, wollte sie in der ersten Reihe sitzen – mit der Begründung, dann näher am Geschehen zu sein. Sie hatte keine Berührungsängste, obwohl sie der Kirche recht fern war und schon lange keinen Gottesdienst mehr besucht hatte. Sie konnte nicht alle Gebete mitbeten, was ich nicht schlimm fand. Hingegen sang sie die Lieder mit und war spürbar fasziniert vom feierlichen Geschehen. Sie stellte viele Fragen, die ich ihr noch während des Gottesdienstes zu beantworten versuchte. Sie kniete hin zum Beten, um es mir nachzuahmen, fragte mich aber zuvor, was sie denn beten solle.

In meinem Bekanntenkreis ist ein Priester, der regelmäßig junge Erwachsene zu einer Art »Bibelkreis« einlädt. Anfangs dachte ich, dass dies ein Club frommer Christen sei. Schnell merkte ich, dass auch hier eine Konfrontation mit Gott stattfindet. Alle waren eingeladen. Es gab verschiedene Meinungen, teilweise auch andere Gottesbilder. Doch der Priester ließ dies bewusst zu. Er wollte eine Offenheit im Glauben ermöglichen und kein Dogma predigen. Niemand brauchte Angst zu haben, verurteilt zu werden, denn alle Meinungen waren akzeptiert. Der Priester fragte teilweise nach, um einen Denkprozess auszulösen. Ich erlebte diese Gesprächsrunde als eine Art »Hauskirche«.[87] Es wurde in der Bibel gelesen, darüber teilweise sogar heftig diskutiert und am Schluss ein gemeinsames Mahl eingenommen.

Immer wieder zeigt sich, dass bei jungen Menschen der intensive Austausch sehr wichtig ist. In einer kleinen Gruppe wie diesem »Bibelkreis«, zu dem etwa zehn ganz unterschiedliche junge Leute zusammentrafen, können sich diese gut austauschen und etwas mitnehmen. Bei Großgruppengesprächen ist solch ein persönlicher Austausch dagegen eher schwierig. Das habe ich bei einem Gespräch mit Firmanden erfahren. 25 Gleichaltrige aus zwei verschiedenen Dörfern saßen mit mir in einem Kreis. Keiner traute sich, mir auch nur eine Frage zu stellen, aus Angst davor – so behaupte ich –, was die anderen denn über einen denken. Hingegen erlebte ich intensive und tiefe Gespräche in kleinen Gruppen. Jene, von denen man zunächst dachte, dass sie nicht an der Thematik interessiert seien, stellten die meisten Fragen über den eigenen Glauben. Es lohnt sich, Jugendliche mit Gott zu konfrontieren. Wir müssen ihnen und uns selbst nur mehr zutrauen.

Stimme der Zukunft

Jeder hat in der Kirche eine Stimme, mit der er etwas bewegen und erreichen kann. Natürlich: Als Einzelner hat man erfahrungsgemäß nicht sonderlich großen Einfluss. Aber wenn man sich zusammenschließt, können sich die einzelnen Stimmen zu einem raum- und zeitfüllenden Chor verbinden. Gerade der jungen Generation müssen mehr Mitspracherechte eingeräumt werden. Mit ihren Stimmen können sie die Zukunft der Kirche mitgestalten.

Statt immer nur zu meckern und zu klagen, was alles schlecht ist, wäre vielleicht doch einmal zu fragen: Was kann ich selbst tun, damit die Kirche zu der Kirche wird, von der ich träume? Was kann ich tun, damit die Kirche eine Kirche für alle Menschen wird und sich jeder wohlfühlt?

Bei den jungen Generationen sprudelt es nur so an Ideen und Engagements – man muss ihnen nur zutrauen, dass auch sie etwas Tolles für die Kirche zu tun vermögen. Die Kirche will doch nicht wirklich fromme Betschwestern und Betbrüder haben, die zu allem – sei es in der Gesellschaft oder in der Kirche – nur Ja und Amen sagen.

Vor einigen Jahren traf ich während einer längeren Zugfahrt einen 17-jährigen Schüler. Wir gerieten über Themen wie Glaube und Kirche ins Gespräch, wobei sich herausstellte, dass er überzeugter Protestant ist, der zwar nicht jeden Sonntag, aber doch regelmäßig in die Kirche geht, abends betet und sich liebend gern in der Kirchengemeinde engagiert. »Wir sind die Zukunft der Kirche«, sagte er voller Überzeugung und erzählte mir enttäuscht, dass junge Menschen in seiner Pfarrei »blockiert« werden. Er ist zwar im Kirchgemeinderat, dennoch werden alle Vorschläge, die von seiner Seite kommen, von allen (inklusive des Pastors) abgeschmettert. Alles soll beim Alten bleiben.

Mit solchen Aktionen werden Jugendliche entmutigt, und nach ein paar Versuchen, gegen die »Pfarrei-Wände« zu rennen, geben sie auf. Ich konnte die Enttäuschung bei dem jungen Mann deutlich spüren und dachte mir gleichzeitig, dass ich gerade von älteren Kirchgängern immer wieder höre, dass die Jugend an der Kirche ja kaum interessiert sei. Ich erlebe etwas anderes, wenn ich ins Gespräch mit jungen Menschen eintauche. Viele würden sich gern in der Kirche engagieren und sie mitgestalten. Aber ihrer Kreativität wird ein Riegel vorgeschoben.

Davon weiß auch eine junge Frau aus einer kleineren Landpfarrei ein Lied zu singen. Sie schrieb mir, dass sie eine Firmgruppe leitet und als Lektorin tätig ist. Sie überlegte sich, für den Pfarrgemeinderat zu kandidieren, »aber ich bin mir nicht sicher, ob ich mich mit der Engstirnigkeit, die ich dort vorfinden werde, herumschlagen möchte. Das ist feige und zeugt von einer gewissen Faulheit, aber es kostet mich schon Überwindung«, sagte sie mir sehr selbstreflektiert. Ich glaube nicht, dass es Faulheit ist, sondern denke eher, dass es mit Resignation zu tun hat. Ich kann ihren Zweifel verstehen. Auch ich möchte, dass mein Engagement ernst genommen und dafür genutzt wird, die Kirche mitzugestalten.

Eine traurige E-Mail erhielt ich vor ein paar Monaten von einer Teenagerin, die in einer Pfarrei seit Jahren Ministrantin ist und nun gern einen Chor gründen würde. Sie schrieb mir, dass sie schon einige Freundinnen gefragt hatte, und alle würden gern im Jugend-Kirchenchor mitsingen. So könnten Jugendgottesdienste entstehen, die musikalisch modern begleitet würden. Jugendchöre sind ein großes Potenzial, um junge Menschen für den Glauben zu faszinieren. Schon heute sind sie ein wichtiges Standbein der kirchlichen Jugendarbeit. Sie war von dieser Idee begeistert. Und auch ich war über ihr großes Engagement erfreut. Ein junger Mensch macht sich Gedanken, was man unternehmen kann, um die Kirche wieder zu neuem Leben zu erwecken!

Als die Schülerin ihre Idee vom Jugendchor ihrem Pfarrer vorschlug, erhielt sie einzig die flapsige Antwort »Nein«. Mit dieser Idee stieß sie auf pure Ablehnung. So etwas benötige die Pfarrei nicht, sagte der Pfarrer. Es gebe ja schon den normalen Chor (der jedoch einen Altersdurchschnitt von 65 hatte). Zudem komme ihm so etwas Modernes nicht ins Gotteshaus. Die Schülerin war frustriert – zu Recht.

Ich finde es eine Katastrophe, dass viele Kleriker noch immer selbstgefällig darüber befinden, was in der Glaubenspraxis »richtig« und was »falsch« ist. Dadurch wird bei vielen jungen Menschen die Freude am Glauben im Keim erstickt. Es ist am wenigsten die Jugend selbst daran schuld, dass sie nicht mehr die Kirche besucht und kaum noch Interesse an der Kirche zeigt. Nein, öfter sind es »selbstverliebte« Kleriker, die nichts Neues zulassen und die Jugend nicht jung sein lassen. Diese machen die Kirche kaputt, nicht die jungen Menschen!

Ich versuchte, der Teenagerin Mut zu machen, die schöne Idee einer Jugendband nicht aufzugeben, sondern sich weiterhin dafür einzusetzen. Ich hoffe sehr, dass ihr Pfarrer eines Tages merkt, dass die Förderung dieses Projekts ein Stück Zukunft der Kirche und ein Baustein für das Reich Gottes sein kann. »Die Kirche müsste offener sein für neue Dinge. Vor allem gegenüber jungen Menschen, die sich in der Kirche beteiligen möchten. Wieso nur einmal im Jahr in einem Gottesdienst spielen dürfen? Wieso darf immer nur der alteingesessene Kirchenchor singen?«, schrieb mir eine andere junge Frau, die ebenfalls in ihrem Engagement eingeschränkt wurde.

Die Definitionsmacht über die Gottesdienstgestaltung, etwa über die musikalische Begleitung in der Liturgie, haben Erwachsene. Meist definieren Erwachsene in der Kirche, was an welchen Orten und in welchen Räumen zu tun und zu lassen ist. Was ich viel zu selten sehe: eine Kirche, die nicht etwas *für* Jugendliche, sondern etwas *mit* ihnen veranstaltet. Anstatt sich selbst etwas auszudenken, von dem man der Meinung ist, es werde den jungen Menschen gefallen, sollte man die Jugendlichen von Anfang an mit ins Boot holen, sie mitüberlegen und mitentscheiden lassen. Oft ist da eine Angst, dass die jugendlichen Einfälle nicht ins sonstige Konzept passen oder dass Texte und Gebete anderen Kirchenteilnehmer als zu salopp erscheinen. Es ist eine Nagelprobe, den nötigen Mut aufzubringen und der Jugend etwas zuzutrauen.

Wenn junge Menschen herausgefordert und einbezogen werden sollen, braucht es einen Spielraum, in dem die Jugend sich entfalten kann und darf. Sonst kann man es sein lassen. Es bringt nichts, die Jugendlichen als »Alibi«-Mitwirkende heranzuziehen; das treibt sie eher aus der Kirche hinaus, als dass es sie hineinbringt.

Wer die Jugend für sich zu gewinnen vermag, hat die Zukunft. Ein trauriger Blick auf Westeuropa lässt mich die Frage stellen: Haben wir die Zukunft verloren? Die Jugend hat prophetische Kraft. Sie wird in Zukunft das Evangelium verkünden – doch nur, wenn man ihnen bereits heute Räume schafft, ihre Stimme zu formen und zu entwickeln.[88] Jugendliche brauchen im kirchlichen Raum mehr Respekt. Das bedeutet auch, dass sie für ihre Aktivitäten nicht nur den kleinsten und unattraktivsten Raum im Keller der Pfarrei zugewiesen bekommen. Aus zahlreichen Mails, die ich von Jugendlichen erhalte, und zahlreichen Gesprächen, die ich führen darf, merke ich, dass sich viele Jugendliche von den älteren Gemeindemitgliedern zu wenig wertgeschätzt fühlen. Sie wollen etwas unternehmen in der Kirche, aber der Respekt und die Anerkennung ihrer Ideen fehlen oftmals.

Die Verantwortung für die Kirche liegt zunehmend in Händen der Laien, namentlich auch der jungen Generation. Früher – also vor dem Zweiten Vatikanischen Konzil – lag sie dagegen ausschließlich in Händen des Klerus. Heute hat der rein männliche Klerus trotz aller Mitsprache der Laien nach wie vor sehr weitreichende Kompetenzen. Er allein hat Zugang zu den maßgeblichen kirchlichen Ämtern (Diakon, Priester, Bischof). Auch in der Kirche geht es um Macht und Einfluss. Die hier vorgebrachten Beispiele zeigen, wie konstruktive Vorschläge junger Menschen subtil ausgebremst werden und wer auch heute noch in unserer Kirche das letzte Wort haben möchte. Diese Zeiten sollten langsam, aber sicher der Vergangenheit angehören. Denn wenn junge Menschen und ihre kreativen Ideen ausgegrenzt werden, wird die Kirche von innen her »verdursten«; sie wird leer, der Glaube verdunstet und wird nicht mehr weitergetragen.

Dazu fällt mir ein Vers aus dem Alten Testament ein: »Eure Alten werden Träume haben, und eure jungen Männer und Frauen haben Visionen« (Joel 3,1). Diesen Visionen sollten wir freien Lauf lassen, ohne dabei die Träume der Alten zu zerstören. Die meisten älteren Menschen freuen sich sowieso, wenn junge Menschen mit ihrer Spontaneität sich in der Kirche engagieren und sie sehen, dass die Kirche auch in den nachwachsenden Generationen einen zentralen Stellenwert im Leben hat.

Die Kirche soll »die Stimme des Herrn vernehmen, der auch heute noch spricht. Wie früher Samuel und Jeremia, so gibt es auch heute Jugendliche, die in der Lage sind, die Zeichen der

Zeit zu erkennen, die der Geist uns schenkt«, weiß man sogar in Rom.[89]

Eine 26-Jährige schrieb mir, dass in ihrer »Wunsch-Pfarrei« einiges anders wäre. Dies würde die Kirche menschlicher machen und wäre »attraktiver« für andere: »Also erstens sollte es in jedem Fall eine Pfarrerin sein! Ich finde, dass gerade dann die Kirche ein ganz anderes Bild abgibt! Dann würde ich auch die Kirche nicht immer streng aufziehen, sondern coole Aktionen starten und viel mehr für junge Erwachsene machen. Es sollte eine feste Regelung für normale Gottesdienste geben, in denen sich Jugendliche engagieren, die aber nicht in Jugendgottesdienste ›abgeschoben‹ werden, sondern den normalen Gottesdienst mitgestalten dürfen.« Ich erlebe ganz viel Potenzial bei den jungen Menschen. Ich spüre ihr Engagement. Die junge Generation will die Stimme der Zukunft sein. Lassen wir sie wirken!

Integration von Fremden

Junge Menschen sagen mir immer wieder, dass sie im Gottesdienst nur wenig Gastfreundschaft erleben, insbesondere, wenn sie nur sehr selten in die Kirche gehen. Es ist klar: Wenn man von außen in eine fremde Umgebung eintaucht, fühlt man sich oft fremd. Manche erleben gar ein Gefühl der Unsicherheit und des Unwohlseins. Gerade in den Dörfern kennen sich die Gemeindemitglieder fast allzu gut; dort ist es eher schwierig, neu in diese Gemeinschaft aufgenommen zu werden. Die Besucher bekommen weder in der Großstadt-Pfarrei noch in der Dorf-Pfarrei den Eindruck vermittelt, dass es einen Unterschied macht, ob sie da sind oder nicht.[90] Das habe ich selbst einige Male erfahren.

In Nordirland durfte ich eine äußerst schöne Gastfreundschaft im Gottesdienst miterleben. Am Ostermontag besuchten wir den Gottesdienst in der anglikanischen Kirche einer Kleinstadt. Schon an der Kirchentür wurden alle freudig begrüßt. Sofort bekamen wir Kirchenhefte in die Hand gedrückt und wurden gefragt, woher wir denn kommen, da sie uns noch nie gesehen hätten. In der Kirchenbank grüßten auch die Nachbarn uns sehr freundlich. Als der Gottesdienst begann, begrüßte uns der Pfarrer und sagte, dass heute »besondere Gäste aus Deutschland« am Gottesdienst teilnähmen. Alle drehten sich zu uns um, lächelten uns an und winkten uns zu. Jene, die in unmittelbarer Nähe saßen, gaben uns die Hand. Es war ein bereicherndes Erlebnis, da die Gesten der Menschen sehr herzlich waren. Sie waren offen für andere. Während des Gottesdienstes halfen uns die Gemeindemitglieder, die richtigen Gebete und Lieder zu finden. Der Pfarrer entschuldigte sich ein paar Mal, dass er kein Deutsch sprechen könne und wir vermutlich nicht die ganze Predigt verstünden. Doch er freue sich darüber, dass wir in der Kirche waren.

Dieser Gottesdienst ist für mich noch immer das Exempel für eine gelungene Integration von Fremden. Wir haben uns alle in der Kirche wohlgefühlt und haben etwas mitgenommen. Doch die Atmosphäre war es, die den Glauben des Priesters und seiner Gemeindemitglieder übermittelte. Es war auf allen Ebenen authentisch. »So wünsche ich mir daheim solche Gottesdienste«, sagte meine Mutter nach dem Besuch. Sie schwärmt noch heute davon, obwohl sie nicht alles verstanden hat. Doch sie fühlte sich willkommen und geborgen.

Zu diesem Gefühl der Integration fällt mir ein Zitat des Apostels Paulus ein: »Obwohl ich von niemandem abhängig bin, habe ich mich für alle zum Sklaven gemacht, um möglichst viele zu gewinnen. Den Juden bin ich ein Jude geworden, um Juden zu gewinnen; denen, die unter dem Gesetz stehen, bin ich, obgleich ich nicht unter dem Gesetz stehe, einer unter dem Gesetz geworden, um die zu gewinnen, die unter dem Gesetz stehen. Den Gesetzlosen bin ich sozusagen ein Gesetzloser geworden – nicht als ein Gesetzloser vor Gott, sondern gebunden an das Gesetz Christi –, um die Gesetzlosen zu gewinnen. Den Schwachen bin ich ein Schwacher geworden, um die Schwachen zu gewinnen. Allen bin ich alles geworden, um auf jeden Fall einige zu retten« (1. Korintherbrief 9,19–22). Paulus spricht hier mit Respekt und Toleranz gegenüber dem Anderssein der Anderen. Er nimmt die Menschen über soziale, religiöse und kulturelle Grenzen hinweg an – so, wie sie sind, und nicht so, wie er sie gern haben möchte oder wie andere denken, dass sie sein sollten.

Gerade bei der Integration neuer Menschen in die Pfarreien kann dieser Bibelvers sehr hilfreich sein. Wenn Jugendliche kommen, freuen sie sich, wenn sie begrüßt werden oder wenn am Ende des Gottesdienstes jemand zu ihnen sagt: »Schön, dass du da bist.«

Freude im Glauben

Ich habe schon öfters von Eltern gehört, dass sie mit ihrem schreienden Baby aus dem Gottesdienst geschickt wurden. Es würde die anderen Gottesdienstteilnehmer stören. In Freiburg habe ich zum Glück eine andere Erfahrung gemacht. Dort waren Kinder im Gottesdienst offiziell »erlaubt«, ja herzlich willkommen. In der Kirche hatten die kleinsten Besucher ihre eigene Kinderecke, und in jedem Gottesdienst wurden sie vor der Lesung in die »Kinderkirche« eingeladen. Dort wurden den Kindern die gleichen biblischen Texte wie im Gottesdienst vorgelesen, nur in Kindersprache. Danach durften sie etwas malen oder basteln, das sie gegen Ende des Gottesdienstes im Altarraum den Erwachsenen vorstellten. Die Kirche war von Eltern und Kindern gefüllt. Es herrschte Leben und Freude. Ich liebte es, dort in den Gottesdienst zu gehen, da ich spürte, wie die Kirche die Generationen übergreift und nicht nur ein »Programmpunkt« für Senioren ist. Der Pfarrer bemühte sich sehr um die Kinder und Jugendlichen und betonte einmal in einer Predigt, dass das Geschrei eines Babys in der Kirche wie ein Gebet ist und zeigt, dass unsere Kirche lebt.

Ein schönes Beispiel, wie genau diese Offenheit für Kinder und Jugendliche zur Freude der Kirche werden kann, erzählte mir meine Freundin aus Belgien. Sie hat einen tiefen Glauben, den sie, so sagte sie mir, drei Priestern zu verdanken hat. Als Kleinkind gingen ihre Eltern sonntags immer in die Kirche. Sie war ein neugieriges Kind, das in der Kirche herumlief, alles anschaute und alles wissen wollte. Es ist klar, dass ein fünfjähriges Kind die Predigt, die an Erwachsene gerichtet ist, nicht verstehen kann. So lief sie nach vorn, stellte sich neben den Priester, zupfte an seiner Albe und wartete, bis er zu ihr nach unten schaute. Dann fragte sie ihn, was er da erzählte. Und was machte er? Er ging in die Knie, um auf ihrer Augenhöhe zu sein, und erklärte ihr das Gesagte in einfacher Kindersprache. Er nahm den Ausspruch Jesu »Lasst die Kinder zu mir kommen« ernst. Denn dieser Priester wusste genau wie Jesus, dass es ohne die Kinder nicht geht. Wenn die Kinder nicht ernst genommen, wenn sie ausgeschlossen werden, dann kommen auch bald ihre Eltern nicht mehr, und in der Jugend haben sie keine positiven Erinnerungen mehr an die Kindheit in der Kirche, weshalb sie der Kirche künftig fernbleiben, von ihren späteren Kindern gar nicht zu reden. Diese Kleine erhielt genau das, was sie brauchte: Aufmerksamkeit und Verständnis.

Während ihrer Zeit an der Universität erlebte meine Freundin dieses wieder: Sie begegnete einem aufgeschlossenen, sehr lebendigen Priester, der ihr religiöse Dinge und biblische Themen in »normaler« Sprache erklärte, sodass es auch einen Sinn für ihr Leben ergab. In dieser Zeit entdeckte sie ihren Glauben neu. Sie merkte, dass die positiven Erlebnisse aus ihrer Kindheit prägend waren. An die konnte sie jetzt anknüpfen und darauf aufbauen.

Ich finde es schade, immer wieder hören zu müssen, dass früher alles besser war und die Kirchen damals noch voll waren. Anstatt zu klagen, würde ich mir wünschen, dass die bestehenden Möglichkeiten genutzt werden. Das A und O dabei ist, dass es dem Evangelium, das wir verkünden, nicht an Freude fehlen darf. Wer Freude am Glauben hat, kann diese Freude teilen und verbreiten.

Nur wenn wir selbst brennen, können wir auch in anderen Menschen ein Feuer entfachen. Und wir dürfen das Feuer nicht löschen, das andere in sich am Brennen halten wollen.

Ich kann mich noch gut an eine Situation in der Adventszeit erinnern. Meine Freundin und ich besuchten – da wir zuvor noch auf dem Weihnachtsmarkt gewesen waren – den Gottesdienst in der Nachbargemeinde. Der Pfarrer kannte mich, da ich dort schon einige Jahre im Kirchenchor mitgesungen hatte. Wir entschlossen uns, in der ersten Reihe zu sitzen. Die Erwachsenen saßen weiter hinten. Ich freute mich sehr auf den Adventsgottesdienst und man sah es mir an. Ich strahlte über das ganze Gesicht. Offenbar irritierte das den Pfarrer enorm in seiner Predigt. Irgendwann lief er zu uns in die erste Reihe und ermahnte uns. Er drohte, uns aus der Kirche zu werfen. Ich verstand die Welt nicht mehr. Da besuche ich als Jugendliche die Kirche und freue mich am Gottesdienst, und dann wird die Freude, die Jesus Christus mir geschenkt hat, durch klerikales Unverständnis fast vergällt. Ich war entsetzt. Heute denke ich mir, dass ich hätte aufstehen und die Kirche verlassen sollen. Doch in dem Moment war ich erstarrt. Ich war schockiert. Für einen kurzen Moment schaffte er es, mir die Freude am Glauben zu rauben. Auf der anderen Seite hörte ich diesen Pfarrer oft klagen, dass es so wenige Ministranten in seiner Pfarrei gebe und die Kirchgänger immer älter würden. Wen wundert's? Andere hätten seine Kirche angesichts solchen Fehlverhaltens wohl für lange Zeit nicht mehr betreten.

Freude im Glauben zeigt sich bei Jugendlichen dynamisch; manchmal wirkt es vielleicht frech und rebellisch. Aber so sind nun einmal die jungen Menschen. Das müssen das Kirchenpersonal und die Kirchgänger zulassen und ertragen. Jugendliche wollen so akzeptiert werden, wie sie sind. Sie wollen sich so entfalten, wie sie es für richtig halten.

Jesus ist gekommen, um Freude in das Leben der Menschen zu bringen. Wie sehr verkündigen wir noch diese Freude? Ein oft zitierter Satz von Bischof Jacques Gaillot bringt es auf den Punkt: »Eine Kirche, die nicht dient, dient zu nichts.« Die Kirche würde den Menschen heute mehr dienen, wenn sie die Freude weiterschenkte und die Freude in den Herzen der Menschen förderte. Die Kirche muss auch genießen können, darf feiern und Freude ausstrahlen, sonst wird sie ungenießbar. Joseph Ratzinger formulierte es treffend: »Die Kirche stellt sich heutzutage dar wie eine Hochzeitsfeier ohne Liebe und ohne Wein.« Das muss sich ändern.

Etwas Neues wagen

In einer kleinen Umfrage, die ich an Jugendliche und junge Erwachsene richtete, erhielt ich auf die Frage, wie sie den Gottesdienst wahrnehmen, meist nüchterne Antworten. »Der Pfarrer war zwar sehr bemüht, aber der letzte Gottesdienst, den ich besuchte, hat mir nur mäßig gefallen«, schrieb eine Studentin. Sie empfand die Lieder weder als lebensfroh noch als ermutigend. Dies wünschte sie sich, da es sich um einen Gedenkgottesdienst handelte. Sie schätzte es, ein Jahr nach dem Tod ihrer Oma wieder einen Raum bekommen zu haben, um das Geschehene zu verarbeiten und zu akzeptieren. »Es hätte jedoch persönlicher sein können. Es war viel zu traditionell und zu steif.«

Ein ähnliches Bild vermittelte mir eine 18-jährige Schülerin: »Und jedes Mal, wenn ich in der Kirche bin, werden uralte Lieder gesungen und fast niemand kann mitsingen.« Sie wünscht sich, dass die Gemeinde mehr in den Gottesdienst einbezogen wird, und schlägt deshalb vor, dass die Predigt auch aus den Reihen der Gemeindemitglieder übernommen wird.

Viele Jugendliche, mit denen ich sprechen konnte, wünschen sich Abwechslung im Gottesdienst. Sie sehen durchaus die spirituelle Kraft einer immer wiederkehrenden Liturgie,[91] dennoch wollen sie etwas »Pepp«, wie ein Schüler mir sagte. Eine 21-Jährige, die selten in die Kirche geht, erzählte mir, dass sie sich normalerweise nicht gut mit dem Inhalt des Gottesdienstes identifizieren könne. »Das finde ich total schade, denn für mich gehört es zu einem Gottesdienst, dass die Leute sich angesprochen fühlen. Ich schätze es sehr, wenn ich das Gehörte dann in meinen Alltag integrieren kann.« Ich spürte, dass sie öfter in die Kirche ginge, wenn die Gottesdienste anders gestaltet würden.

Ökumenische Gottesdienste kommen gut an, da sie offener und lockerer gestaltet sind. Offen sollte darüber hinaus die Grundeinstellung der Kirche und des Kirchenpersonals sein; diese seien »manchmal etwas lebensfremd«, schrieb mir eine Abiturientin. »Ich würde wieder mehr in die Kirche gehen, wenn es nicht immer das gleiche Blabla wäre.« Der Pfarrer in ihrer Pfarrei sei oft wenig einfühlsam, obwohl sie sich sicher sei, dass er seine Aufgaben sehr ernst nimmt. »Aber es fehlt halt oft der Bezug zum Familienleben und zu zwischenmenschlichen Gefühlen.« Auf die Frage, wie sich junge Menschen eine(n) »perfekte(n)« PfarrerIn oder SeelsorgerIn vorstellen, antworten sämtliche Befragten fast gleich: authentisch, ehrlich, verständnisvoll, liebevoll, offen *für* die Menschen und *zu* ihnen, offen für Veränderungen und Neuerungen sowie zeitgemäß.

Die evangelische Gemeinde in Wacken in Schleswig-Holstein ist jedes Jahr sehr kreativ. Wenn aus der ganzen Welt Heavy-Metal-Fans zum Wacken-Festival reisen, um bekannte Bands zu hören, zu campen und Spaß zu haben, lädt die evangelische Kirche zu einem Metal-Gottesdienst ein. Beim Festival 2017 sang der Gospelchor »Engel« von Rammstein. Die rund

250 Mitfeiernden brachen in der Kirche in Jubel aus. Bassgitarren der Gothic-Metal-Band Aeverium ertönten im Gotteshaus und sorgten für gute Stimmung. Eine 23-jährige Teilnehmerin sagte, es werde Zeit, dass die Kirche sich öffnet. »Würde die Kirche mehr von solchen Dingen machen, dann würden ihr auch nicht die Mitglieder weglaufen.«[92]

Die Pfarrerin beschäftigt sich aufgrund der vielen Fans, die jedes Jahr zum Festival reisen, mit Metal-Texten, die durchaus christliches Gedankengut enthalten. Außer dem speziellen Gottesdienst gab es »Festivalseelsorger« auf dem Gelände. Sie waren da, wenn sie gebraucht wurden. Das kam auch bei jenen gut an, die nie oder nur selten in die Kirche gehen. So wird Kirche erlebbar, wie es Papst Franziskus sich wünscht: hinausgehen dahin, wo die Menschen sind.[93]

In Denver/Colorado lebt eine evangelisch-lutherische Pastorin, die am ganzen Körper tätowiert ist. Das macht sie in den USA zum Star. Sie spiegelt deutlich die Vielfalt der Menschen wider, die Individualität. Denn sie wirkt authentisch. Auf manche wirkt sie mit ihrem bemalten Körper hart, doch sie sieht sich als eine von vielen. Obwohl sie sich als »normal« bezeichnet, sagt sie gegenüber der Wochenzeitung »Die Zeit«, dass die Kirche »seltsam« sein müsse.[94] Sie müsse zu ihren Wurzeln stehen und gleichzeitig anders sein. Dabei sei es wichtig, transparent und ehrlich zu sein. Schön finde ich, dass diese Pastorin in ihrer Gemeinde neue Gottesdienstbesucher direkt integriert. »Wenn jemand in unseren Gottesdienst kommt, ist die erste Frage: Willst du ein Element davon übernehmen? Du kannst das Abendmahl austeilen, obwohl es vielleicht der erste Gottesdienst deines Lebens ist.«

Rosenkranz – ein Gebet nur für Alte?

Den Rosenkranz verband ich in meiner Kindheit mit alten Menschen. Jüngere, die diese Gebetsform praktizierten, kannte ich nicht. Und auch in der Kirche sah ich nur alte Menschen, die den Rosenkranz für einen Verstorbenen beteten. Sicher ist das Rosenkranzgebet ein Zeichen tragfähiger Gemeinschaft. Aber als Kind empfand ich das keineswegs so. Erst in meiner Jugend entdeckte ich die Kraft des Rosenkranzes.

Der Rosenkranz ist auch für Jugendliche aus dem aargauischen Fischbach-Göslikon (Schweiz) zur generationenübergreifenden Gebetsform geworden. Junge Frauen und Männer treffen sich zu kleinen Gebetskreisen in der Kirche, um gemeinsam den Rosenkranz zu beten. Das Gebet gibt den jungen Menschen Halt. Für die ältere Generation war es anfangs ungewohnt, dass junge Menschen ebenfalls den Rosenkranz für sich entdeckt haben. Umso mehr übergreift das Gebet nun die Generationen und schweißt die Gemeinschaft zusammen.

Gleichaltrige sind zuerst skeptisch und gleichzeitig neugierig. Doch das Gebet und die Grundhaltung der kleinen Gruppe strahlen aus, sodass der Kreis wächst. Nach den vielen »Gegrüßet seist du, Maria …« stürmen die Jugendlichen nicht einfach aus der Kirche, sondern setzen sich zusammen, wobei der Austausch Gelegenheit gibt, über alles zu reden, was sie beschäftigt. Manchmal betet die Gruppe gemeinsam in bestimmten Anliegen, ein anderes Mal nimmt jeder sein persönliches Anliegen ins stille Gebet. Der Rosenkranz ist eine gute Meditationsübung. Ich finde es toll, dass dieses Gebet wieder neu entdeckt wird - gerade von jungen Menschen.

In meiner Jugend, kurz vor meiner Firmung, hatten alle

FirmandInnen ein Beichtgespräch mit dem Priester. Wir versammelten uns in der Kirche. Es saßen bereits einige ältere Damen in den Kirchenbänken und beteten den Rosenkranz. Sie klangen schön mitten in der Stille der Kirche – leise, sanfte Stimmen, die immer die gleichen Gebete sprachen. Da ich noch warten musste, um zur Beichte gehen zu können, setzte ich mich. Sogleich drückte mir eine Frau lächelnd einen Rosenkranz in die Hand. Anfangs war ich etwas unbeholfen, doch nach und nach konnte ich mitsprechen, ja mitbeten, und spürte die Kraft des Gebetes und der Nähe Gottes.

Brot und Wein, Bratwurst und Bier

Als ich vor ein paar Monaten zum ersten Mal zu einem Fußballspiel ins Stadion ging, fühlte ich mich fremd, da ich nicht genau wusste, wie es sich abspielt. Es fühlte sich an wie bei meinem ersten Besuch eines Gottesdienstes in meiner Jugend. Ich hatte keine Ahnung, was mich erwartete, ich fühlte mich fremd und fehl am Platz. Dabei hatte ich das (falsche) Gefühl, dass alle merken, dass ich die Gebete und den Ablauf nicht kenne.

Im Stadion ist es mir ähnlich ergangen. Ich wollte dazugehören, also sang ich mit, stand auf, wenn alle aufstanden, und freute mich über gefallene Tore – natürlich nur über jene Tore der Mannschaft, die ich anfeuerte. Ich bemerkte eine erstaunliche Parallelität zwischen dem Ablauf des Fußballspiels und dem eines Gottesdienstes.[95] Es wurden Lieder gesungen, die man schnell mitsingen konnte. Das erinnerte mich etwas an Taizé-Gesänge, die ebenfalls sehr eingängig sind und immer wiederholt werden – und ebenfalls bei jungen Menschen sehr beliebt sind. Es gab einen Wechselgesang zwischen Vorsänger und Volk oder zwischen der einen und der anderen Tribüne. Es erschien mir wie in der Kirche, wenn einen Teil der Pfarrer singt, andere Teile die Gemeinde. Es gab ein Hin und Her der Liedzeilen, das für Dynamik sorgte. Es fand eine Art Anbetung der Mannschaft statt. Während des Spieles, aber vor allem am Schluss wurde das Team gefeiert und bejubelt – so soll es in der Kirche ja auch sein. »Halleluja«, das ist ein Jubelruf – weil Gott bei uns Menschen ist und uns liebt.

Das Zugehörigkeitsgefühl war sehr groß. Es entstand ein Gemeinschaftsgefühl wie in einer lebendigen Gemeinde. Ziemlich am Anfang des Spieles, als das erste Tor fiel, erhielt ich unversehens eine Bierdusche. Sozusagen die »Taufe« im Stadion.

Mein Mann erklärte mir, was gesungen wird. In der Kirche bräuchte man das ebenso, damit junge Menschen wissen, wie der Gottesdienst gefeiert wird. Es ist wichtig, »Schnupperer« nicht schief anzuschauen, wenn sie nicht alles auf Anhieb verstehen. Ist die Gemeinschaft ansteckend und mitreißend, singen und beten auch die »Fremden« irgendwann mit, so wie ich es beim Fußballspiel getan habe. Ich habe sogar für eine Mannschaft gesungen, die mich eigentlich gar nicht interessierte. Nicht durch das Spiel an sich wurde ich zum Fan. Nein, durch die vielen anderen Fans ließ ich mich »begeistern«. Ich hätte vermutlich auch für die andere Mannschaft gesungen, obwohl sie das Spiel verloren hat. Man kann sich schnell für etwas begeistern – doch es braucht vonseiten der Kirche Menschen, die diese Begeisterung ausstrahlen und bei den Suchenden wachsen lassen.

Lohnt sich Jugendarbeit?

Wissenschaftliche Studien zeigen, dass junge Menschen meist keinen oder nur sehr geringen persönlichen Kontakt zu Pfarrerinnen und Pfarrern haben. Dies gilt sogar für Jugendliche mit engem Bezug zur Kirche. Wo eine aktive Jugendarbeit existiert, wird diese oft an professionelle Jugendarbeiter delegiert. Ich kenne allerdings auch engagierte Pfarrer, die regelmäßig in Gruppenstunden gehen und selbst an ihrem freien Tag bei den Ministrantengruppen oder den Jugendtreffen vorbeischauen.

Ich höre immer wieder die Kritik, dass die Kirche so viele Kinder- und Jugendprogramme anbiete, aber kaum auf Qualität setze. Es werden Jugendtage, Skiausflüge, Filmabende, Tanzveranstaltungen und Ausflüge angeboten. In vielen Pfarreien ist das Zeitverschwendung, weil es lediglich mit den vielen anderen Freizeitangeboten konkurriert, aber kaum das bietet, was es bieten sollte: Beantwortung von Sinnfragen und Glaubensvertiefung. Diese vielen Events zeitigen denn auch einen eklatanten Mangel an Wirkung.

Die Kirchenverantwortlichen unternehmen viel, damit die junge Generation wieder in die Kirche geht. Doch diese scheint fernzubleiben. Vielleicht ist zu überlegen: Soll es überhaupt das Ziel sein, sie wieder in die Kirche zu bringen? Oder sollen wir junge Menschen nicht vielmehr dazu bewegen, Kirche zu *sein*?

Ja, natürlich sind die jungen Leute die Zukunft der Kirche, und ohne sie kommt die Kirche an ihr Ende. Trotzdem kann nicht die Selbsterhaltung der Kirche der Antrieb dafür sein, sich den jungen Menschen zuzuwenden. Der Grund dafür sind sie selbst. Sie haben Anspruch darauf, um ihrer selbst willen ernst genommen zu werden und die Frohe Botschaft verkündigt zu bekommen – die Botschaft, die ihnen ebenso gesagt ist wie den Erwachsenen, nämlich dass Gott sie liebt und dass er will, dass sie das Leben haben in Fülle.

Jugendliche wollen erfahren, dass die Kirche sie schätzt und auf sie setzt. Sie stellen sich die Frage: »Lohnt es sich, in der Kirche zu sein und zu bleiben?« Daher braucht es einen ehrlichen Dialog. »Ehrlicher Dialog« bedeutet, dass man seinen eigenen Horizont überschreitet, über den Tellerrand hinausblickt und nicht seine »Wahrheit« als die allgemeingültige betrachtet.

Ich kenne sehr viele Menschen, die in ihrer Kindheit und Jugendzeit als Ministranten und Ministrantinnen dienten. Sie alle erzählen von positiven Erfahrungen, coolen Aktionen und von ihrer Gemeinschaft. KommilitonInnen erzählten mir, dass sie wohl kaum Theologie studiert hätten, wenn sie nicht MinistrantInnen, bei den Pfadfindern oder in kirchlichen Jugendverbänden gewesen wären.

Leider höre ich von Pfarrverantwortlichen immer wieder, dass die Jugendarbeit erst dann wirklich ihr Ziel erreiche, wenn die Jugendlichen im Sonntagsgottesdienst sind und jede Woche wieder in die Kirche kommen. Es werde zu wenig gebetet in der Jugend. Selbst jene, die in der Kirche engagiert sind, würden die Gottesdienste und das Glaubensleben vernachlässigen, lauten manche Vorwürfe. Doch ist es nicht ein Gewinn, wenn junge Menschen gute Erinnerungen an die Kirche in sich tragen und sich bewusst dazu entscheiden, nicht aus der Kirche auszutreten und Jahre später ihre Kinder taufen zu lassen? Es sind die positiven Erfahrungen der Jugend, welche die Kirche zukunftsfähig machen.

Ich finde, dass die Jugendarbeit und das Engagement von Jugendlichen und Erwachsenen in den verschiedenen Gruppierungen wesentlich mehr Wertschätzung erfahren müssten. Denn sie erfüllen eine wichtige Aufgabe: Sie tragen dazu bei, dass sich auch morgen noch Menschen in der Kirche engagieren. Sie erzählen, was sie selbst in der Kirche erleben, und tragen damit positiv zum Kirchenbild bei. Die kirchliche Jugendarbeit leistet etwas, das durch noch so teure Werbekampagnen kaum erreicht werden kann. Sie begeistert junge Menschen für das Engagement in der Kirche und fördert das Glaubensleben.

Wir müssen von der Vorstellung Abschied nehmen, dass der Glaube am besten innerhalb der Kirchenmauern, am besten noch sonntags zwischen 9 und 11 Uhr, gelebt werden kann. Der Glaube ist lebendig und vielfältig und kann überall und in unterschiedlichen Situationen seinen Ausdruck finden. Er kann auch auf dem Fußballplatz wachsen, auf dem sich die Jugendlichen der Firmgruppe zu einem Sportnachmittag treffen. Fair zu spielen und sich dabei zu helfen, wenn einer sich verletzt hat, ist auch Ausdruck praktizierten Glaubens. Denn es geht auch um gelebte Solidarität, um respektvollen Umgang miteinander und darum, Verantwortung füreinander zu tragen.

Eine junge Frau, die sich in der Kirche engagiert, sieht erheblichen Veränderungsbedarf, aber auch das Potenzial dazu: »Das Desinteresse seitens der Jugendlichen ist groß, weil Kirche als uncool und verstaubt gilt. Unser Firmkatecheten-team ist sehr jung, und wir haben Spaß an der Arbeit mit den Jugendlichen. Ich denke, das ist der erste Schritt in Richtung Glaubensvermittlung durch junge Leute. Aber das ist noch ausbaufähig. An sich könnte die Kirche aber noch viel mehr für junge Menschen tun. Anderes Liedgut, weniger zeremoniell, mehr Interaktion.«

Gerade bei der Firmvorbereitung bedarf es einer mystagogischen Grundhaltung.[96] Das heißt: Man führt Menschen an das Geheimnis Gottes heran, indem man sie an der Feier dieses Geheimnisses immer mehr teilhaben lässt und ihre Erfahrungen mit ihnen reflektiert. Jeder Mensch trägt eine göttliche Kraft in sich. Diese ist nicht immer sofort zu erkennen und muss nach und nach erfahren und bewusst gemacht werden. Jugendarbeit kann helfen, diese göttliche Kraft zu entdecken und wie eine Blume zur Blüte zu bringen. Die JugendarbeiterInnen und JugendseelsorgerInnen sind dabei wie Gärtner, die zur richtigen Zeit gießen und düngen. Sie lassen der Blume genügend Zeit, um zu wachsen und zu gedeihen, bis dann eines Tages die Schönheit der Blume, der Glanz des Glaubens sichtbar wird und sie den Samen für die nächste Generation ausstreuen kann.

Papst Franziskus will die kirchliche Jugendarbeit in Europa stärken. Das schrieb er in einem Grußwort an ein mehrtägiges Symposium über die Jugendpastoral in Barcelona. Herausforderungen der Glaubensverkündigung und der Begleitung Heranwachsender sollen in den Blick genommen werden. Junge Christen sollen sich als »lebendige Glieder der Familie Christi« fühlen und so selbst zu »Glaubensboten« werden.[97] Begleitung von Jugendlichen ist umso wichtiger in einer globalisierten Welt, in der vielfach Orientierungslosigkeit herrscht.

Wer in die Zukunft investieren will, sollte gerade die Jugendarbeit fördern, auch durch finanzielle Mittel. Denn die Jungen sind die Zukunft der Kirche, und nicht nur das. Kardinal Antonio Cañizares Llovera sagte: Die Jugend ist »die Zu kunft der Menschheit«. Dieser Jugend Gottes Wort mit auf den Weg zu geben, ist ein Dienst der Kirche an der ganzen Welt.

Dabei ist es wichtig, dass in den Pfarreien, aber auch darüber hinaus Aktivitäten angeboten werden, welche die jungen Menschen dazu animieren, sich zu engagieren – jede(r) nach seinem Können und seinen Interessen. Bei einer Pastoral für junge Menschen ist es wichtig, sie mit einzubeziehen und ihnen nicht ein vorgefertigtes Programm überstülpen zu wollen. Selbst Papst Franziskus ermuntert die Missionare dazu, die Laien stärker in Projekte einzubinden. Denn schließlich gehören alle zur Kirche und bauen gemeinsam an der Kirche. »Gebt nie dem Übel des Klerikalismus nach, der die Menschen, besonders junge Leute, von der Kirche entfernt«, sagt Franziskus.[98]

Junge Menschen beschäftigen sich stark mit dem Themenbereich Sexualität, Partnerschaft und Freundschaft. Dies komme bei der kirchlichen Jugendarbeit im Sinn persönlicher Unterstützung oftmals zu kurz, sagen viele von ihnen. Das liege auch daran, dass die Kirche in Fragen der Sexualität und Partnerschaft keine guten Antworten biete. Von ihr wird daher kaum etwas erwartet. Werte wie Treue, Partnerschaft und Ehrlichkeit unter Jugendlichen stehen hoch im Kurs, aber nicht, weil die Bibel es verlangt oder weil das Lehramt es sagt. Lehraussagen der Kirche berühren die Jungen schon lange nicht mehr. Vielmehr braucht es eine Umkehr der kirchlichen Lehraussagen: Vom »Du sollst nicht« und »Du darfst nicht« hin zu ermutigenden Aussagen, die weniger schwer und weniger lebensfern erscheinen, sondern als *Lebenshilfe* dienen. Spricht das kirchliche Angebot für die Jugend in deren Sprache und lässt es sich auch wirklich auf deren Fragen ein?

Räume schaffen

Bei einem Gesprächsabend mit Jugendlichen zwischen 13 und 15 Jahren fragte ich die Gruppe, was sie sich von der Kirche wünscht. Von den 28 Schülerinnen und Schülern wünschten sich eigentlich alle mehr Jugendprogramme in ihrer Pfarrgemeinde und lebendige Gottesdienste, »die nicht so lange gehen, vielleicht mal ohne Orgel«, wie eine 14-Jährige sagte. Ein 15-jähriger Junge fügte hinzu: »Ich fände es schön, wenn auch wir mal was machen dürften. Ich will nicht immer still in der Bank sitzen, das ist langweilig.« Die Jugendlichen wünschten sich durchwegs Beteiligung in der Vorbereitung von Gottesdiensten oder Gebetsabenden.

Entsprechende Studien[99] zeigen, dass Jugendliche sich ehrenamtlich engagieren, wenn dieses Engagement eine Antwort auf die Frage »Bin ich hier wichtig und unverwechselbar?« ist. Junge Menschen brauchen die Anerkennung, dass sie dazugehören und ein *vollwertiger Teil der Kirche* sind. »Es wäre gut, wenn im Gottesdienst mal Aktuelles angesprochen würde und er einen Lebensbezug hätte«, sagte ein 14-Jähriger im Gesprächskreis. Ein 13-jähriges Mädchen wünschte sich moderne Lieder, bei denen sie auch mitsingen kann. »Ich wünsche mir Veränderungen in der Kirche, zum Beispiel fände ich Priesterinnen gut«, sagte mir ein 15-jähriger Schüler. Reformen wünschten sich noch weitere Jugendliche: »Die Kirche muss moderner werden«, »lebendiger«, »offener«, »freundlicher«, hörte ich an dem Abend.

Zum Schluss wollte ich mir ein Stimmungsbild machen und fragte, wer denn beim Organisieren und Durchführen eines Jugendgottesdienstes mitwirken würde. Ich war erstaunt:

Von 28 Schülerinnen und Schülern hoben 26 ihre Hand. Manche differenzierten sogleich: »Ich kann nicht singen, aber ich würde gern dekorieren.« Bei diesem Gespräch merkte ich einmal mehr, dass Jugendliche bereit sind, der Kirche ein »junges und buntes« Antlitz zu verleihen. Man muss sie nur ansprechen und in Entwicklungsprozesse einbinden.

Jugendliche müssen gezielt ins Boot geholt werden. Das kann durchaus zum Kraftakt werden, da man manchmal mehrere Versuche starten muss. Doch damit sie dauerhaft in der Kirche bleiben, müssen Räume geschaffen werden, in denen sie sich entfalten können – und vor allem: in denen sie Kirche gestalten dürfen. So, wie *sie* Kirche gern hätten. So, wie Kirche *sie* anspricht. So, wie *sie* zu Gott finden können.

Ich bin der Meinung, dass nicht nur Jugendgottesdienste von Jugendlichen gestaltet werden sollten; sie sollten auch Ideen vorbringen können, um Angebote für Jugendprogramme zu verwirklichen. Dabei wäre zuerst zu fragen, wann denn eine passende Zeit für ein bestimmtes Angebot wäre. Ein Jugendgottesdienst kann perfekt ausgearbeitet und für Jugendliche ansprechend sein und dennoch kaum besucht sein, wenn er zu einer Zeit stattfindet, die für Jugendliche unpassend ist. Um Räume für junge Menschen zu schaffen, bedarf es zuerst des intensiven Gesprächs mit ihnen. Denn es soll ja für sie sein. Eigentlich ist das eine Binsenweisheit. Aber es ist eben noch längst nicht selbstverständlich.

Die Gemeinden sollten regelmäßig daraufhin überprüft werden, welche Möglichkeiten dort für die Jugend bestehen, um sich am Leben der Kirche zu beteiligen und auch selbst Verantwortung zu übernehmen, sodass sie sich als Teil der Kirche auch wahrnehmen können. Es braucht Orte, an denen

Jugendliche ihren Glauben allein oder gemeinsam ausdrücken und entfalten können, ohne gleich für irgendwelche sonstigen kirchlichen Aktivitäten vereinnahmt zu werden.

Von jungen Erwachsenen habe ich schon oft gehört, dass sie ein Angebot *nach* der Firmung schmerzlich vermissen. Gerade auf dem Weg vom Jugendlich-Sein zum Erwachsenenalter gehen der Kirche scharenweise Mitglieder verloren. Bislang schafft es die Kirche zu wenig, »engagierten Jugendlichen und jungen Erwachsenen einen Weg ins kirchliche Leben außerhalb der jugendspezifischen Strukturen zu ebnen«.[100] Die meisten werden mit 16 oder 17 Jahren gefirmt. Dann erfolgt ein jäher *Bruch*: Der nächste große Anlass, um wieder eine Kirche aufzusuchen, ist oft erst die Hochzeit oder die Taufe eines Kindes. Diese Zeitspanne beträgt zehn oder mehr Jahre. Junge Erwachsene werden nach der Firmung alleingelassen. Ihnen wird zugemutet, dass sie selbst ihren Platz in der Kirche finden. Stattdessen wachsen sie eher aus dem kirchlichen Verband heraus. Vereinzelte finden dann durch ihre eigenen Kinder wieder in die Gemeinschaftsstruktur zurück. Der Kontakt bleibt aber dennoch oft nur punktuell.

So braucht es nicht nur eine attraktive Jugendarbeit, sondern vermehrt auch *Konzepte für junge Erwachsene*. Bedauerlicherweise existieren jedoch kaum Modelle für Menschen, die bereits gefirmt sind, aber noch nicht durch die Taufe der eigenen Kinder wieder in die Kirche eingebunden und mit dem aufkeimenden Glauben ihrer Kinder konfrontiert sind. Deshalb bedarf es neuer pastoraler Modelle, die die Lebensspanne zwischen Schulabschluss, erster großer Liebe, erstem Job / Ausbildung / Studium, Heirat und Kindern berücksichtigen.

Vor einiger Zeit wurde ich von einer großen Pfarrei in der Schweiz angefragt, ein solches Modell zu entwickeln. Die Idee kam von der Pastoralreferentin und der Religionspädagogin. Als ich dann ein Gespräch mit dem zuständigen Pfarrer führte, sagte er mir, dass es so etwas, also eigene Angebote für Menschen zwischen 17 und 27, nicht brauche, da diese ja in den Kindergottesdienst gehen könnten, wenn sie der Gemeindegottesdienst nicht anspreche. Als ich 18 Jahre alt war, hatte ich keine Lust, am Sonntag einen Kindergottesdienst zu besuchen. Es ist ja schön, dass es Gottesdienste gibt, in denen in Kindersprache Bibelgeschichten erzählt werden. Doch mit 18 wollte ich eine intellektuelle Herausforderung – auch im Gottesdienst – und gleichzeitig einen geistlichen Impuls und eine Glaubensvertiefung in jugendgerechter Sprache. Der Pfarrer war aber unverdrossen der Meinung, dass es keine »junge Erwachsenenarbeit« brauche.

Wer so denkt, verkennt, dass es viele verschiedene »Erwachsene« gibt. Singles, jene, die in der Berufsausbildung stehen oder im Studium, jene, die bereits verheiratet sind und vielleicht schon mit Kindern leben. Sie leben in »Milieus«, die teilweise unterschiedlicher kaum sein könnten. Die einen haben bereits ein kleines Haus in einem Dorf, die anderen wohnen in einer chaotischen Wohngemeinschaft in einer Großstadt. Wieder andere wohnen noch zu Hause, da sie durch die Berufsausbildung oder das Studium nur wenig Geld zur Verfügung haben. Die Studentin geht auf Partys, sitzt aber vor der Prüfung nächtelang in der Bibliothek und reist während der Semesterferien zwei Monate durch die Welt. Jemand, der / die sich für eine Lehre entschieden hat, hat weniger Freiheiten. Geregelte Arbeitszeiten bestimmen den Tag. Am Wochenende wird gechillt, mit Freunden abgemacht und auf Partys das Leben genossen. Harte Arbeit und hohe Flexibilität kennzeichnen den Alltag der jungen Erwachsenen. Das gleichaltrige Paar, das bereits ein Baby hat, verbringt die Wochenenden auf dem Spielplatz oder trifft sich mit anderen Eltern, tauscht sich über »Baby-Sachen« aus und würde sich danach sehnen, einmal ausschlafen und sich die Zeit selbst einteilen zu können. Das sind nur drei Typen von Menschen, die sehr verschieden »aussehen«. Kommen noch Hobbys oder politische und gesellschaftliche Einstellungen hinzu, verändert sich das Bild nochmals stark. Aber hier lässt sich erkennen: Ein Gottesdienst, der gleichermaßen alle anspricht, oder eine gemeinsame Gebetsform liegen außerhalb der Möglichkeiten, schon allein der völlig unterschiedlichen Lebensumstände wegen.

Junge Erwachsene brauchen »Inseln«, wo sich die verschiedenen Personengruppen wohlfühlen, sich über ihren Glauben austauschen und Gott in Gemeinschaft erfahren können. Gerade die zunehmende Pluralität in unserer Gesellschaft verlangt, sich auch in der Katechese »den Fragen erwachsenen Glaubens und seiner Veränderungsprozesse zu stellen«.[101] Die Taufe als Eintritt in die Glaubensgemeinschaft und die Firmung als Stärkung des persönlichen Glaubens sind nicht nur punktuelle Ereignisse, sondern auch ein lebensgeschichtlicher Prozess, der sich im Lauf der eigenen Biografie fortentwickelt. Damit der Glaube aber nicht nur als Punkt vorkommt, sondern dauerhaft eine Rolle im Leben der Menschen spielt, muss man die jungen Erwachsenen mit ihren Lebensmodellen akzeptieren und Formen finden, die dem entsprechen.

Zu sagen, dass junge Erwachsene doch mit den jungen Eltern in den Kindergottesdienst gehen sollen, finde ich fast zynisch.

Dieser Priester ignoriert nicht nur die Verschiedenartigkeit der Menschenleben, sondern scheint nach dem Motto vorzugehen: »Vogel friss oder stirb.« Mit dieser Einstellung kommt er seinem Auftrag, den Menschen das Evangelium zu verkünden, jedoch kaum nach. Vielmehr treibt er damit konstruktive Kräfte aus der Kirche und verhindert, dass junge Erwachsene ihren Glauben entfalten.

Da funktioniert Kirche für Junge

Es gibt aber auch viele tolle Beispiele, die zeigen, dass die Kirche für Junge gelingen kann. Es läuft mehr, als man gemeinhin denkt.

Die »Jugendkirche Samuel« in Mannheim realisierte, dass Jugendkirche nicht nur heißt, Gottesdienste zu feiern. So wird etwa ein Kino in der Kirche eingerichtet. Es gibt Ausflüge, Jugendfreizeiten und immer wieder Themenwochen. Der Jugendkirche Samuel ist es dabei wichtig, dass sie Jugendlichen Raum bietet, um mit Gleichaltrigen den Glauben zu feiern. Sie will die Jungen ermutigen, die Kirche selbst zu gestalten und sich in ihr zu verwirklichen. So bietet sie Orte der Begegnung und der Auseinandersetzung mit Gott. Auf ihrer Homepage schreibt sie, dass sie Platz hat für neue Ideen und dass »Mut zur Verrücktheit und zum Ausprobieren« willkommen sind. Sie verfolgt das Ziel, Jugendliche in allen Milieus zu erreichen. Sie will nicht im Stillstand sein, sondern wie die Jugendlichen in Bewegung bleiben.

Die Seelsorgenden wollen die jungen Menschen unterstützen, Gott in ihrem Leben zu entdecken. Sie hören den Jugendlichen zu. Hören auf ihre Anliegen, Wünsche und Probleme. Auf Facebook erfahre ich immer wieder von Aktionen, die von der Jugendkirche Samuel veranstaltet werden. Es sind tolle Sachen, die die Gemeinschaft unter Gleichaltrigen fördern und zugleich die Jugendlichen mit der Kirche in Verbindung halten. Das zeigt, dass Kirche mehr ist als nur der Sonntagsgottesdienst.

Die Jugendkirche Samuel ist noch recht jung. Im Vorfeld des Katholikentags 2012 in Mannheim startete der »Bund der Deutschen Katholischen Jugend« (BDKJ) im Erzbistum Freiburg das »Projekt Samuel – Wovon träumst du?«. Ziel war es, herauszufinden, wie Kinder und Jugendliche sich ihre Kirche wünschen. Die zahlreichen Rückmeldungen bilden heute die Grundlage für die Jugendkirche. Ich persönlich finde sie ein äußerst gelungenes Projekt.

Auch in Wien gab es eine erfolgreiche Jugendkirche. Das Projekt der katholischen Jugend der Erzdiözese Wien wurde 2005 eröffnet. 2016 wurde es aus finanziellen und organisatorischen Gründen wieder eingestellt. Befreundete Pfarrer aus Österreich schwärmen von dieser Jugendkirche noch heute und sind traurig darüber, dass sie nicht mehr existiert, da »daraus viel Gutes entsprungen ist«, wie ein alter Priester aus meinem Bekanntenkreis zu sagen pflegt. Das Angebot der Jugendkirche umfasste neben den sonntäglichen Gottesdiensten, bei denen alle auch zur Mitgestaltung eingeladen waren, ein umfangreiches Programm an teils kontinuierlichen, teils temporären Projekten. Die Jugendkirche in Wien wollte Jugendliche ansprechen, die andere kirchliche Angebote nicht nutzten.

»Ausgehend von der Beobachtung, dass viele Jugendliche

aus den unterschiedlichsten Gründen keinen Zugang zu kirchlichen Angeboten finden, bietet die Jugendkirche einladende und niederschwellige Formen, den Glauben und die Gemeinschaft der Glaubenden kennenzulernen. Hier können Glaube und Kirche von Jugendlichen als interessant und lebensrelevant wahrgenommen werden, auch gegen gesellschaftliche Vorurteile und eventuelle negative persönliche Erfahrungen. Angesichts einer zunehmenden Bedeutungslosigkeit kirchlicher Angebote und Formen für junge Menschen hat die Jugendkirche eine klare missionarische Dimension, Jugendlichen heute das Evangelium zu bringen und sie auf der Suche nach Sinn und Deutung des eigenen Lebens zu begleiten«, heißt es im Konzept.[102]

Nach der Schließung der Jugendkirche Wien wurde zum Glück nicht völlig Abschied genommen von den Jugendmessen »Come2stay« (kurz: c2s). Auch heute werden diese in regelmäßigen Abständen gefeiert. Jeder ist dabei eingeladen, selbst Ideen einzubringen.

Um Jugendkirchen zu realisieren, bedarf es meist größerer Ressourcen; dazu gehören etwa ein Kirchenraum, um Veranstaltungen durchzuführen, sowie Haupt- und Ehrenamtliche, die vor Ort sind und das Projekt vorantreiben. Und natürlich Geld. In Städten sind solche Jugendkirchen daher eher umzusetzen als auf dem Land. Deshalb hat die Nordelbische Evangelisch-Lutherische Kirche ein Jugendkirchenmodell für ländliche Gebiete entwickelt. Das Konzept trägt den Namen »HolyDay« und steht für eine mobile Jugendkirche auf Zeit. Das Jugendwerk bietet Gemeinden an, für eine Woche mit einem Team anzureisen und gemeinsam mit den Jugendlichen und kirchlichen Mitarbeitern vor Ort eine Jugendkirche zu gestalten. Dabei geht es nicht nur um Gottesdienstformen. Auch Freizeitgestaltung, Themenabende und Aktionen können entwickelt und umgesetzt werden. Ziel dieses Konzeptes ist es, Jugendkultur und Glauben im Raum der Kirche zusammenzuführen.

Viele Jugendliche werden bereits heute erreicht für lokale Projekte. So etwa durch die 72-Stunden-Aktion, die etwa 170.000 Menschen in rund 4000 Aktionsgruppen in Bewegung bringt.

Ich finde es ausgezeichnet, dass es mit dem »Bund der deutschen katholischen Jugend« einen starken Jugendverband unter dem Dach der Kirche gibt. Daher haben mich die Vorwürfe des Passauer Bischofs Stefan Oster an den BDKJ doch sehr überrascht, dass dort eine »Lightversion des Evangeliums« dominiere. Es braucht unterschiedliche Mittel und Wege, um das Evangelium zu den Menschen zu bringen. Denn der Glaube ist eine Herausforderung. Das heißt nicht, dass die eine Art, katholisch zu sein, besser oder richtiger ist als die andere. Rufen wir noch einmal den Apostel Paulus in den Zeugenstand. Er ist »den Juden ein Jude« und »allen alles« geworden, um sie zu erreichen (vgl. 1 Kor 9,19–22). Wir sind den Bürgerlichen zu Bürgerlichen und den Alten zu Alten geworden. Müssen wir da nicht auch den Jugendlichen zu Jugendlichen werden?

Wünsche und Hoffnungen

Ich habe mich sehr gefreut, als ich erfuhr, dass Papst Franziskus für 2018 eine Jugendsynode einberufen hat. Es ist wichtig, dass die jungen Menschen gehört werden, wenn über die Zukunft der Kirche gesprochen wird. Hier kann ich mich der Aussage von Bischof Oster anschließen: »Ich hoffe, dass die Jugend auf dem Weg zur Synode mit all ihren Verheißungen, Verletzlichkeiten und Fragen in das Blickfeld der Kirche kommt.«[103]

Es liegt nicht nur an der Jugendsynode. Vielmehr liegt die Verantwortung schon jetzt bei den Bischöfen der einzelnen Diözesen und bei den Haupt- und Ehrenamtlichen vor Ort, inwieweit sie die Jugend in den Blick nehmen und inwiefern sie die nächste Generation fordern und fördern. Aber die Verantwortung, ob das Evangelium zur jungen Generation getragen wird, liegt nicht allein beim Papst, bei den Bischöfen und Priestern. Sondern bei jedem einzelnen Menschen, der glaubt, dass die christliche Botschaft not-wendend ist. Den Auftrag, Jesus Christus zu verkündigen und von ihm Zeugnis abzulegen, hat *jeder* Christ bei seiner Taufe erhalten. – Wann habe ich das letzte Mal von Jesus Christus erzählt? Wann habe ich ihn bezeugt, von ihm gesprochen?

Vor einiger Zeit wurde ich im schweizerischen Bern auf der Straße von zwei Studierenden angesprochen. Sie zeigten mir ein Kärtchen, auf dem »the four« stand. Darüber vier Zeichen. Sie fragten mich, was mir zu den Zeichen (Herz, Geteiltzeichen, Kreuz und Fragezeichen) einfallen würde. Mit dem Herz verband ich Liebe, das Geteiltzeichen konnte ich auf Anhieb nicht gleich zuordnen, hingegen stand das Kreuz sofort für Jesus und meinen Glauben an ihn. Das Fragezeichen verband ich mit meinen offenen Fragen. Ich wurde von den beiden Studierenden aufgeklärt, indem sie die Karte umdrehten: Das Herz stand in der Formel für »Gott liebt mich«, das Geteiltzeichen für »Ich habe gesündigt«; das Kreuz stellte »Jesus ist für mich gestorben« dar, und das Fragezeichen stand für »Ich muss entscheiden, ob ich mit Jesus leben will«. Wir redeten über Gott und die Welt, über theologische Standpunkte und über unseren Glauben. Ich fand es sehr mutig von ihnen, auf diese Weise Passanten anzusprechen und ihnen etwas von Gott zu erzählen. Sie haben mich beeindruckt. Gleichzeitig habe ich mir gedacht: Können wir das nicht auch? Warum riskieren wir es nicht?

Als ich mich dann verabschieden musste, um rechtzeitig zu einem Termin zu kommen, fragten sie, ob sie noch für mich beten dürften. Ich freute mich darüber und ließ es zu. Wir standen mitten in der Fußgängerzone in einem kleinen Kreis und falteten unsere Hände zum Gebet. Der junge Mann fing an, ein sehr schönes, freies Gebet zu sprechen. Danach bedankte sich die Studentin für die Begegnung mit mir und betete für meinen Glauben an Jesus. Auch ich betete laut für meine Gesprächspartner und zog begeistert von dannen. Ich kann mir vorstellen, dass Papst Franziskus gerade solche Begegnungen fördern will. Er möchte die Jugend mit seiner Glaubensfreude anstecken.

Die Jugendsynode unter dem Titel »Die Jugendlichen, der Glaube und die Berufungsentscheidung« will sich mit der Befähigung von Jugendlichen zu individuellen Lebensentwürfen befassen. Es soll darüber gesprochen werden, wie die jungen Menschen den Glauben inmitten der Herausforderungen der Zeit erfahren. Auch wird darüber nachgedacht, wie das Leben reifen kann und dabei die verschiedenen Berufungen (Berufung zur Ehe, Berufung im beruflichen Bereich oder zum geweihten Leben und zum Priestertum) erkannt und gefördert werden können.

Die Synode, so Franziskus, ist »für alle und von allen Jugendlichen! Die Jugendlichen sind die Hauptakteure.«[104] Dabei meint der Papst nicht nur Katholikinnen und Katholiken. Er will auch jene in den Blick nehmen, die sich als Atheisten oder Agnostiker verstehen, die einen »lauen Glauben« und sich von der Kirche entfernt haben. Ziel soll es sein, sich gegenseitig zuzuhören, denn jeder junge Mensch hat etwas zu sagen, hat den Erwachsenen, den Priestern und Bischöfen in der Kirche etwas zu sagen. »Wir müssen euch zuhören!«, stellt Papst Franziskus denn auch als Priorität heraus. Ich hoffe sehr, dass die Bischöfe diesen Appell ernst nehmen und das, was die Jungen wünschen, auch umsetzen. Ich wünsche mir, dass die Kirche hört, was Jugendliche zu bestimmten Fragen denken. Ich wünsche mir, dass sie lernt, auf die Welt-Jugend zu setzen und ihr mehr zu vertrauen.

Der südamerikanische Papst hat die Bedeutung der Jugend schon lange erkannt, und nun will er ihr mittels der Synode eine vernehmbare Stimme geben. Während einer Gebetsvigil mit Jugendlichen machte er Mut, etwas zu riskieren. Die Zukunft liege in den Händen der Jugend. Jeder einzelne junge Mensch bringe einen frischen Wind in die Kirche, einen neuen Frühling. Die Kirche brauche noch mehr frühlingshafte Tage. Papst Franziskus will einen Dialog auf Augenhöhe mit den Jugendlichen über Themen wie Partnerschaft und Liebe, Sehnsucht und Treue. »Auch die Kirche möchte auf eure Stimme hören, auf eure Sensibilität, auf euren Glauben, ja auch auf eure Zweifel und eure Kritik«, sagte Franziskus.[105] Die alte Kirche ist aufgerufen, von den jungen Menschen zu lernen.

Papst Franziskus ermutigte im Vorfeld die Jugendlichen und jungen Erwachsenen, auf der offiziellen Homepage zur Synode (www.youth.synod.2018.va) die Online-Fragebogen auszufüllen, damit die Verantwortlichen im Vatikan wissen, was die, um die es bei der Synode geht, beschäftigt. Die Umfrage berücksichtigt länderspezifische und kulturelle Unterschiede. So möchte Papst Franziskus allen Jugendlichen auf der ganzen Welt nahe sein. Er will sich auf ihr Universum einlassen, »ihre Sprache« lernen, von ihren Träumen und Enttäuschungen erfahren. Im Blick sind ganz unterschiedliche Lebenssituationen junger Menschen auf allen Kontinenten und ihre Bedürfnisse. Es soll darum gehen, wie die Kirche junge Menschen dabei begleiten kann, ihre je individuelle Rolle in Kirche, Politik und Gesellschaft zu finden.

Ich wünsche mir von der Jugendsynode, dass wirklich ein Austausch zwischen Bischöfen und jungen Menschen stattfindet. Ich hoffe sehnlich, dass die Reformvorstellungen der Jungen berücksichtigt und neue Wege gefunden werden, um die jungen Menschen auf ihrem Glaubensweg zu begleiten. Besonders in Europa sehe ich das dringende Bedürfnis nach neuen, kreativen Seelsorgekonzepten für die Jugendarbeit, damit ein Leben mit der Kirche, ein Leben mit Gott gelingen kann. Ich wünsche mir, dass es keine Beweihräucherung gibt oder die Kirche nach der Synode wieder in die alten Muster zurückfällt. Ich wünsche mir vielmehr, dass alle bestärkt werden, den Mut dafür aufzubringen, auch neue Wege zu beschreiten. Ich hoffe, dass nicht nur darüber gesprochen wird, was bereits gut läuft (denn gerade in der Jugendarbeit läuft vieles sehr gut). Ich möchte, dass auch über »Tabu-Themen« gesprochen wird, welche die jungen Menschen beschäftigen. So hoffe ich, dass die Themen Pflichtzölibat und Frauenordination besprochen werden, ohne sie abzubügeln. Ich wünsche mir einen *ehrlichen* Dialog, der zielführend für Veränderungen und Weiterentwicklungen in der Kirche ist.

Einfacher ist besser

Freunde, die mit der Kirche wenig am Hut haben, haben mich schon oft gefragt, ob es ein Wörterbuch oder einen Dolmetscher für die Liturgie gibt. Für sie ist es anstrengend, in die Kirche zu gehen, da sie dem Gottesdienst nicht folgen können. Vielleicht würde es der Kirche nicht schaden, ein Wörterbuch herauszugeben. Eines, das auch von »unwissenden« Teilnehmern verstanden wird und ihnen die Kerninhalte kurz und bündig erklärt.

Die heutige junge Generation hat keine religiöse Sprache mehr und damit kaum noch einen Bezug zur Sprache der Kirche. Kein Wunder, dass die Wenigsten etwas verstehen. Es ist so, wie wenn ich nach Korea reise. Was ich dann brauche, ist, dass die Dinge nach und nach übersetzt werden in eine Sprache, die auch ich sprechen und verstehen kann.

Auf keinen Fall darf sich die Kirche hinter ihrer theologischen Sprache verstecken und nach dem Motto leben: »Wenn die es nicht verstehen, müssen sie es eben lernen.« Die Kirche muss bei allem Respekt vor der Tradition von ihrem hohen Ross heruntersteigen und so sprechen, dass die Menschen es verstehen, ja dass es ihre Herzen berührt. Wie können die Worte der Heiligen Schrift, die Worte, die Jesus, der Apostel Paulus oder andere Glaubenszeugen der damaligen Zeit gesprochen haben, die Menschen in ihrem Leben heute »abholen«, wenn wir ihre Sprache nicht ins 21. Jahrhundert übersetzen und dabei vielleicht auch einmal unkonventionelle Wege gehen?

Leider schaffen es sowohl die Kleriker, Seelsorger und Theologen als auch die Glaubenden der Kirchen immer weniger, den Menschen des Westens den christlichen Glauben plausibel zu machen. Es sind nicht etwa die Sinnfragen verschwunden, sondern die Antworten der Kirchen gehen ins Leere. Die *Kirchenlehre* führt zur *Kirchenleere,* sagte mir eine Bekannte.

Die Sprache entfremdet die Kirche von den Menschen mehr und mehr. Die Kirche ist dazu aufgefordert, ihre Glaubensinhalte so überzeugend wie möglich an die nächste Generation weiterzugeben – und sie neu zu sagen und gegebenenfalls zu überdenken. Um überleben zu können, muss die Kirche sich einer sprachlichen und begrifflichen Neuformulierung des Glaubens stellen. Dabei dürfen Fragen, die nicht beantwortet werden können, etwa die Frage nach dem Leid in der Welt, offen und ehrlich genannt werden. Das ist besser, als wenn leere Antworten gegeben werden, welche die Menschen ratlos zurücklassen oder gar verärgern, weil sie sich billig vertröstet fühlen.

Die kirchliche Verkündigung ist herausgefordert, sich auf den Dialog mit der profanen Welt einzulassen – auch auf ihre Sprachwelt. Allerdings – und davor warnt auch Papst Franziskus – darf »die Welt« nicht als »Feind« betrachtet werden, wie es vielleicht manche Ultrakonservative tun mögen. Mit einer anti-weltlichen Einstellung wird es noch mehr zum Auszug der Glaubenden aus den Kirchen kommen, denn diese stehen nicht außerhalb der Welt oder ihr gegenüber, sondern sind ein Teil von ihr. Deswegen sagt ja das Zweite Vatikanische Konzil: »Freude und Hoffnung, Trauer und Angst der Menschen von heute, besonders der Armen und Bedrängten aller Art, sind auch Freude und Hoffnung, Trauer und Angst der Jünger Christi. Und es gibt nichts wahrhaft Menschliches, das nicht in ihren Herzen seinen Widerhall fände.«[106]

Ich habe während meines Theologiestudiums die Erfahrung gewonnen, dass einfache Dinge gern möglichst kompliziert ausgedrückt werden. Aber die Welt außerhalb der Theologischen Fakultäten will theologische Theorien und Begriffe einfach erklärt haben. Oftmals gibt es in der Theologie eine »Selbstüberhöhungstendenz«,[107] die sich vorgaukelt, sie sei umso bedeutender, je komplizierter sie redet.

Der Glaube kann so einfach formuliert werden, wie es die ersten Worte des Glaubensbekenntnisses ausdrücken: »Ich glaube an Gott«. Ich habe mit Jugendlichen die Erfahrung gemacht, dass einige durchaus glauben und auch beten, sich aber wenig Gedanken machen, wie dieser Gott »aussieht« und wie er theologisch zu beschreiben ist. Sie verknüpfen ihn stattdessen mit Begriffen wie »gut« oder »groß«. Oftmals braucht es keine hohe Theologie. Gott darf nicht zu Tode theologisiert, sondern muss im Leben erfahrbar werden.

Liturgische Sprache

Es herrscht ein zum Teil erschreckender Qualitätsverlust in Liturgie und Seelsorge.[108] »Die liturgischen Missstände sind nicht vernachlässigbar gering, sie betreffen sehr viele Gemeinden, die evangelische Kirche genauso wie die katholische, wo die Messe oftmals bereits wieder wie in Zeiten der tridentinischen Form ›gelesen‹, im Grunde geistlos abgespult und nicht wirklich mit geistig-geistlicher sakramentaler Tiefenwirkung gefeiert wird.«[109] Wenn junge Menschen nicht mehr viel in der Liturgie verstehen, weil ihnen eine »fremde Sprache« begegnet, ist es kaum verwunderlich, wenn das Desinteresse an der Kirche und die Missachtung ihrer Einrichtungen wachsen und liturgische Feiern als vorgestrig abgetan und deshalb auch nicht mehr besucht werden. Heute braucht es eine neue Dynamik in der Liturgie und in der liturgischen Bildung.[110] Denn liturgische Haltungen müssen permanent eingeübt werden. Das trifft sowohl auf die GestalterInnen des Gottesdienstes als auch auf die Mitfeiernden zu.

Viele Jugendliche fühlen sich im Gottesdienst an den Rand gedrängt. »Ich fühle mich nicht ernst genommen, wenn man beim Gottesdienst nichts machen darf außer der Musik. Da sitze ich doch nur doof herum«, schrieb eine junge Frau. »Es herrscht großer Handlungsbedarf«, höre ich oft von jungen Leuten. Jugendliche können der liturgischen Sprache helfen, »jung« und verständlich zu werden. In jungen Menschen steckt viel Potenzial, das sie gern einsetzen. Denn die jugendliche Begeisterung für Gott ist durchaus präsent. Indes, die Kirche muss nicht nur ihre Sprache überdenken und sich einen neuen Wortschatz aneignen; sie sollte auch dringend ganz genau zuhören, was die Jungen zu sagen haben!

In einem Pfingstgottesdienst bemerkte ich, dass die Sprache der ausgesuchten Lieder sehr unverständlich war und die Wörter aus alten Zeiten stammten. Auch die Sprache der Theologie kam nicht gerade einem neuen Pfingsten gleich. Ich merkte, dass Menschen, die selten in den Gottesdienst gehen, kaum folgen konnten und nur wenig mitnahmen. Am ersten Pfingsttag hingegen erfüllte der Heilige Geist die Menschen, sodass sie in fremden Sprachen redeten (Apostelgeschichte 2,1–11). Die Worte sind direkt vom Heiligen Geist in die Menschen gekommen. Sie haben keinen Dolmetscher und auch kein Wörterbuch gebraucht, um die Frohe Botschaft zu verstehen und zu verkünden. Sie redeten in einer Sprache, die von allen Menschen verstanden wurde, die selbsterklärend war. Die Predigt des Priesters war gut gemeint und handelte von der Sehnsucht nach einem neuen Pfingsten im Heute. Dennoch hatte ich das Gefühl, dass seine Worte nicht im Einklang mit dem Rest des Gottesdienstes standen. Auch Gottesdienste brauchen manchmal ein neues Pfingsten.

»In der Kirche wird zu wenig Klartext gesprochen«, beklagte sich ein Jugendlicher mir gegenüber darüber, dass es im Gottesdienst viel zu viele »aufgesetzte« Formen und Formeln gebe. Es bedarf der be-geisternden Rede, eines qualitätsvollen und ganzheitlichen Gottesdienstes, um die Menschen in den Kirchenbänken zu überzeugen. Liturgie umfasst immer Leib *und* Seele. Zudem ist es von großer Wichtigkeit, dass der Gottesdienst ein spirituell und ästhetisch gutes Niveau erreicht. Am Pfingsttag wurde den ersten Christen die Kraft des Wortes Gottes zuteil. Haben wir eine praxisnahe Verkündigung, die andere begeistert, verlernt?

Viele Gottesdienstbesucher gehen »hungrig« wieder nach Hause. Das gewünschte spirituell ergreifende Erlebnis finden viele Menschen schon lange nicht mehr in den Sonntagsgottesdiensten ihrer Pfarrgemeinden. Wenn jemand in einem Restaurant satt geworden ist und das Essen geschmeckt hat, empfiehlt er es weiter und kommt gern wieder. So ist es auch in der Kirche. Wenn der Gottesdienst die Sehnsucht, die man in sich trägt, nicht stillt, fragt man sich, ob die Kirche noch der richtige Ort ist, um Gott zu finden.

Bibel im Heute

In der biblischen Zeit haben die Menschen ihre Erfahrungen mit Gott in Bildern beschrieben, mit Worten aus ihrem Alltag. Viele Bilder der Bibel stammen aus der Natur oder der Landwirtschaft (brennender Dornbusch, Blitz und Donner, Aussaat, Fischfang) und beschäftigen sich mit dem konkreten Leben (Wasser, Brotbrechen). Doch im Zuge von Wissenschaft und Technik haben solche Sprachbilder über Gott und über das Wirken Jesu an Kraft verloren. Soll die Bibel im Leben der Menschen eine Rolle spielen und zum Leitfaden werden, muss sie neu erzählt werden, in Wortfeldern, die heutige Menschen verstehen und mit denen sie etwas verbinden können. In Westeuropa sind die wenigsten Menschen im Landwirtschaftssektor tätig. Die Menschen damals wussten sofort, worauf Jesus mit seiner Erzählung hinauswollte. Papst Franziskus und einige Bischöfe versuchen, dem in ihrem Sprachgebrauch gerecht zu werden; sie verwenden in ihren Predigten Begriffe, welche die Menschen heute verstehen und mit denen sie auch gewisse Sprachbilder verbinden können. Sie versuchen etwa, das Smartphone, Facebook und WhatsApp mit biblischen Themen zu verknüpfen. Franziskus bemüht sich stark, in der Sprachwelt der Jugend zu sprechen, wenn er ihnen begegnet. Bei solchen Gelegenheiten fallen Begriffe wie »Cloud« und »Flashmob«. Dabei hat der Papst verstanden, dass es nicht um tradierte Dogmatik geht, sondern um verständliche und glaubwürdige Begriffe in Bezug auf Gott, den Menschen und die Schöpfung.

Ich persönlich liebe die biblische Sprache, die teilweise so gar nicht in unsere Zeit passt, aber gerade deswegen ihren Reiz hat. Das Evangelium wurde nicht nur für die biblische Zeit geschrieben, sondern für alle kommenden Generationen. Diese Botschaft zu verkünden, hat deshalb erste Priorität. Aber eben in den Sprachbildern der heutigen Menschen. Wenn wir das nicht schaffen, kommt die Kirche ihrem ursprünglichsten Auftrag nicht nach.

Es gibt viele tolle Bibelübersetzungen, Jugendbibeln und den Versuch, den jungen (aber nicht *nur* den jungen) Menschen die Heilige Schrift ans Herz zu legen. Aber wer versteht denn noch, was damit gemeint ist? Bedarf es nicht fast einer theologischen Ausbildung, um die Bibel nicht falsch zu verstehen?

Theologen – und dazu zähle auch ich – wollen ihr Erlerntes gern weitergeben. Dabei sprechen wir in philosophischen Gleichungen und theologischen Begriffen, die weit entfernt sind von der Sprache der Menschen heute. Warum nicht mal Stammtisch-Theologie betreiben? Das wird von den Menschen verstanden. Manchmal ist es gut, einfach frei herauszureden, was man denkt. Und aus einer Stammtisch-Theologie, die einfache Worte benutzt und ansprechend ist, kann durch ein christliches Leben eine »höhere« Theologie werden.

Theologischer Begriffs-Dschungel

Wer Theologie studiert, erhält Einblick in den Kosmos des christlichen Glaubens. Auf komplexe Art und Weise werden theologische Glaubenssätze diskutiert und erklärt. Meist eignet sich das Vokabular nur vordergründig, um mit den Menschen auf der Straße über den christlichen Glauben zu sprechen. Mit theologischen Begriffen wie »Auferstehung«, »Erlösung« oder »Dreifaltigkeit« tun sich viele schwer. Dazu gehört selbstredend das unbequeme »Kreuz«. Daran reihen sich Begriffe wie »Sünde«, »Schuld« und »Opfer«. Wenig attraktive Vokabeln für die meisten jungen Zeitgenossen. Für die meisten sind Wörter wie »Gnade« und »Barmherzigkeit« ebenso unverständlich und altbacken. Viele klinken sich da aus: »Ohne Religion ist es einfacher.« Sicher, die christliche Theologie ist nicht ohne. Sie hat viele schwer verständliche, aber doch starke Worte. Die Menschwerdung Gottes und die Wiederkunft Christi sind Begriffe, die für viele sehr schwer zu verstehen sind und zahlreiche Fragen nach sich ziehen.

Es ist eine pastorale Grundaufgabe, Vertrauen zu schaffen und die Menschen durch diesen theologischen Begriffsdschungel zu führen.[111] Sicherlich ist das manchmal anstrengend. Doch im Endeffekt ist die Auseinandersetzung mit diesen Begriffen eine Bereicherung, die dem Glauben eine Tiefendimension verschafft.

Ich erkenne indes einen Trend hin zu einer Light-Version des Glaubens, die ohne Auferstehung und Tod Jesu auskommt. Es bedarf nicht der Wunder und auch nicht einer Jungfrauengeburt. Der Himmel und die Hölle haben darin ebenso keinen Platz. Karl Barth (1886–1968), der große evangelische Schweizer Theologe, konstatierte schon früh, dass die neuzeitliche Theologie kraftvolle Begriffe wie Wort Gottes, Offenbarung und Rechtfertigung entfernt und sich stattdessen mit Begriffen wie Religiosität, Subjektivität, Natur und Geschichte begnügt. Die Theologie verliere so ihre Kraft und werde schwammig. Für Barth ist Religion nicht etwas Nettes, nichts Weichgespültes. Für ihn bedeutet Religion, dass Gott uns Menschen in seine Geistbewegung hineinnimmt. Es kann also nicht darum gehen, die traditionellen Begriffe abzuschaffen. Aber wir brauchen neue Bilder, die zeigen, was mit ihnen gemeint ist.

»Dem Volk aufs Maul schauen ...«

Da die Arbeit in der Pfarrei zahlreiche verschiedene Aufgaben umfasst und die Hauptamtlichen stark beansprucht, werden leider oft Abstriche bei der Predigtvorbereitung gemacht. Bei schlechten Predigten kommen dann noch weniger Menschen in die Kirche, man muss also noch mehr tun, weitere Abstriche machen ... – ein Teufelskreis.

Eine gute Predigt greift ein Thema auf, das Relevanz für die Menschen hat. Sie spricht über etwas, das die Menschen beschäftigt, vielleicht auch wachrüttelt oder gar entsetzt. Wer eine gute Predigt schreiben und halten will, muss gut informiert sein, die Menschen kennen, zu denen er oder sie spricht, und in der Sprache sprechen, die auch von diesen Menschen gesprochen wird. Diese kann sich je nach Zielgruppe deutlich ändern. Jede Predigt sollte bestückt sein mit eigenen Emotionen. Die Predigt ist ja auch immer ein Glaubensbekenntnis – und eben kein Lehrvortrag an der Universität. Eine Predigt muss klar und pointiert sein. Dabei darf die theologische Substanz nicht fehlen.

Im Gottesdienst sollte »kein abstrakter Mist verzapft« werden, wie ein junger Mann mir sagte. Er lebe in einer konkreten Welt, im Hier und Jetzt. Daher wünsche er sich, dass dies auch in der Predigt erkennbar sei. Die Verbindung von biblischen Inhalten zum Leben fehle ihm bei den meisten Predigten, die er bislang gehört habe. Auch störe es ihn, dass oft in einer akademischen Sprache gesprochen werde, die vielleicht an eine Universität gehöre, aber bestimmt nicht in die Kirche.

Ich höre immer wieder, dass junge und alte Menschen vermehrt in die Kirche gehen würden, wenn die Predigten allgemeinverständlich wären und sich mit den großen Fragen auseinandersetzten, anstatt – wie es zuweilen vorkommt – nur eine Zusammenfassung von Zeitungsnachrichten zu bieten, zusammengemixt mit psychologischen Tipps oder Sprüchen aus dem Weisheitskalender. Diesem Problem will der Basler Bischof Felix Gmür nun offenbar Abhilfe verschaffen und dafür sorgen, dass in regelmäßigen Abständen alle hauptamtlichen PfarreiseelsorgerInnen zu Fortbildungsseminaren geladen werden, um das Bistum mit »besseren« Predigerinnen und Predigern auszustatten.

Auch der Vatikan hat realisiert, dass viele Predigten ihrer Seelsorger beim Kirchenvolk nicht mehr ankommen; er hat deswegen eine App herausgegeben. Entwickelt wurde die »Clerus-App« von der Kleruskongregation und dem päpstlichen Mediensekretariat. Die Predigt-App stellt jeden Donnerstag eine Auslegung für das Evangelium des folgenden Sonntags bereit.

Predigten müssen einen Sinn für das Leben vermitteln, sie sollen zum Denken anregen und Stationen der Hoffnung sein. Eine Predigt zu schreiben, die eine tiefgreifende Botschaft enthält und viele Menschen in ihrem Herzen anspricht, ist kein einfaches Unterfangen. So stelle ich immer wieder fest, dass die Frohbotschaft in der Predigt entweder zu kopflastig ist oder banal klingt.

In solchen Momenten habe ich ein Bild vor Augen: Der Priester auf der Kanzel predigt und predigt. Die Worte, die eigentlich in die Ohren und Herzen der Menschen dringen sollten, bleiben in der Luft zwischen Kanzel und Kirchendecke hängen und verlieren dadurch jegliche Wirkung, während sie doch eigentlich die Menschen stärken sollen.

Als Theologin verstehe ich durchaus, was die Predigten – zumal der Seelsorgenden und Bischöfe – ausdrücken wollen. Nichttheologen werden damit aber ihre Verständnisprobleme haben. Und der Anspruch der Theologie ist es ja nicht, eine Wissenschaft nur für sich, also einen kleinen Kreis »Auserwählter« zu betreiben, sondern etwas zu behandeln, das alle Menschen angeht, also auch von allen verstanden werden sollte. Das hat der Reformator Martin Luther vor rund einem halben Jahrtausend klar erkannt, als er dazu aufrief, dem »Volk« bei der Verkündigung des Evangeliums »aufs Maul zu schauen«. Diese Mahnung darf man heute getrost wiederholen, weil sie den Kern des Problems trifft. Papst Franziskus hat sie in seinem Apostolischen Schreiben »Evangelii gaudium« aus dem Jahr 2013 sinngemäß aufgegriffen und geschrieben: »Der Prediger muss auch ein Ohr *beim Volk* haben, um herauszufinden, was für die Gläubigen zu hören notwendig ist« (Nr. 154).

Wenn nun auch die Bischöfe ihre Pfarreiverantwortlichen anhalten, sich mit besseren Predigten zu profilieren, darf die Frage gestellt werden, ob die Bischöfe selbst ihre Hirtenbriefe nur für die Theologen oder auch fürs Kirchenvolk schreiben. Der Name »Hirtenbrief« sagt es ja bereits: Der Bischof schreibt einen Brief an alle Gläubigen seiner Diözese. Deshalb bedürfen gerade solche Briefe einer starken Sprache, die frei ist von komplexer, hochwissenschaftlicher Theologie, die im Leben der Menschen kaum Bedeutung hat und deshalb auch kaum Beachtung findet.

Vor einigen Jahren wurde ich zum Internationalen Filmfestival in Locarno eingeladen. Dort sollte ich eine Predigt zu einem beliebigen Bibelvers halten, aber sie sollte etwas mit dem

Thema Film zu tun haben. Ich entschied mich für Psalm 23 – »Der Herr ist mein Hirte« – und übersetzte diesen Vers in ein Sprachbild, das die meisten, zumindest alle jungen Menschen, verstehen würden: »Der Herr ist mein Superheld«. Nachdem ich den alttestamentlichen Gott als Superhelden charakterisiert hatte, übertrug ich das Bild auf Jesus Christus. Gleichzeitig schlug ich den Bogen zum Sterben und Auferstehen Jesu, was auch in der Filmbranche ein beliebtes Sujet darstellt. Ich stellte jedoch klar, dass Gott größer und mächtiger ist, als es die Superhelden auf den Leinwänden jemals sein könnten.

Nach der Predigt bekam ich viel Lob. Eine ältere Frau kam zu mir und meinte, dass sie anfangs ganz erschrocken sei, als ich »Gott ist mein Superheld« sagte. Als sie meinen Worten aber weiter zuhörte, hat sie dieses Bild verstanden, da ich es theologisch und biblisch auslegte und vertiefte. Die jungen Menschen, die am Gottesdienst teilnahmen, hatten dieses Sprachbild sofort verstanden und konnten sich Gottes Wirken in der Welt dadurch besser vorstellen.

Der heilige Augustinus sagt über die Predigt, dass sie »überzeugen, unterhalten, bewegen« muss. Ja, die Predigt ist ein wesentliches Element in der Arbeit der Kirche. Ihr Zweck besteht darin, Menschen das Wort Gottes zu lehren, sie davon zu überzeugen und in ihren Herzen und Köpfen etwas in Gang zu setzen, das sie nicht mehr ruhen lässt. Das Zweite Vatikanische Konzil sagt, dass die Predigt »die Geheimnisse des Glaubens und die Richtlinien für das christliche Leben«[112] wiedergeben soll. Der Sinn einer Predigt ist es letztlich, das Leben des Zuhörers zu verwandeln. Denn das Wort Gottes hat die Kraft, die Menschen zu verändern.

Ist Kommunikations-Autismus heilbar?

Das Zweite Vatikanische Konzil wurde als das große Kommuni-
kationsereignis wahrgenommen, das nach neuen Zugängen und
Anschlüssen an die moderne Gesellschaft suchte.[113] Heute trifft
kirchliche Kommunikation auf wenig Resonanz. Oder zumindest
auf weniger als noch vor 50 Jahren.»Die Kommunikation der Kirche wird seit Jahrzehnten sowohl innerkirchlich als auch auf ihre
gesellschaftliche Umwelt bezogen im Sinne der Kombination von
Information, Mitteilung und Verstehen immer schwieriger.«[114]
Hinzu kommt: Viele Vertreter der Kirche gelten bei den Menschen
– auch bei Jugendlichen – als verlogen. Man glaubt ihnen nicht
mehr, da die vielen Skandale und Aufdeckungen der letzten Jahre
das vormals »reine« Bild der Kirche beschädigt haben.

Wie wir gesehen haben, haben Papst Franziskus und seine
Bischöfe mittlerweile erkannt, dass die Zukunft der Kirche
entscheidend von ihrer Kommunikation abhängt. Die Kirche
hat es in der Hand, ob sie weiterhin den klassischen Weg der
»moralischen Verkünderin« gehen will und immer weniger Gehör findet oder zu einer *lernenden* Organisation wird,
»die Nichtübereinstimmung kommunikativ in sich aufnimmt,
sprich: die den Widerstreit diskursiv und konstruktiv im Inneren kultiviert und so neue Resonanz und damit Relevanz
schöpferischer Akte erzeugt«.[115]

Religiöse Sprache in Film, Musik und Spiel

Die zeitgenössische Popkultur knüpft häufig an Glaubensthe-
men an. So singen Xavier Naidoo, die Toten Hosen und Beyoncé

über Inhalte der christlichen Tradition oder über ihren Glauben an Jesus Christus. 2017 entschloss ich mich, einen Musik-Adventskalender zu machen. Dabei nahm ich nicht etwa fromme Weihnachtslieder oder Musik aus dem Freikirchenbereich. Ich machte mich bewusst auf die Suche nach moderner Popmusik, die jeder kennt. Ich las mir alle Songtexte durch, nahm daraus ein paar Zeilen und schrieb darüber einen kurzen Impuls. Das Musikvideo »Judas« von Lady Gaga hat nicht nur ein biblisches Geschehen aufgegriffen, sondern der Clip zeigt deutlich, wie die Künstlerin mit religiösen Motiven, etwa dem Kreuz, der Dornenkrone und der nahöstlichen Kulisse arbeitet. Sie singt über Judas, der Jesus durch einen Kuss verraten hat. Gleichzeitig singt sie darüber, wie auch wir manchmal dieser Judas sind und von Jesus »befreit« werden müssen. »Jesus is my virtue, Judas is the demon I cling to.«

Im Lied »Pray to God« von Calvin Harris wird das persönliche Gebet thematisiert. Eigentlich betet man wenig oder nie, aber wenn man nicht mehr weiterweiß, bittet man Gott um etwas. Doch daraus kann mehr werden. Auch R. Kelly greift in seinen Liedern immer wieder den Glauben und christliche Motive auf. In »U Saved Me« singt er darüber, dass jeder immer wieder von Gott »gerettet« werden muss. Auch die Kultband Queen hat einen Song den biblischen Geschichten über Jesus gewidmet. Sie singen über ihn, der die Menschen geheilt und sie dadurch zu neuen Menschen gemacht hat. Und selbst die härtesten Jungs im Musikbusiness singen über Jesus: »I wanna talk to God but I'm afraid cause we ain't spoke in so long« rappt Kayne West in seinem Song »Jesus walks«.

Gerade im Religionsunterricht oder in der Jugendarbeit können solche Popsongs verwendet werden, um ein aktuelles

Thema zu besprechen und die Jugendlichen dazu zu animieren, sich über den eigenen Glauben Gedanken zu machen. In Popmusik wird oft von Gott, Wahrheit, Liebe und Erlösung gesungen. Vielleicht wäre es manchmal gar nicht schlecht, solch ein modernes Lied aus der Popkultur im Gottesdienst zu hören. Auch wenn einige Musiker religiöse und biblische Motive wählen, um vor allem zu provozieren, denke ich, dass diese Lieder genügend Potenzial bieten, um darüber zu sprechen und den eigenen Glauben zu reflektieren.

Ebenso spielen in der Film- und Serienwelt religiöse Motive eine nicht unbedeutende Rolle. Es gibt zahlreiche Serien, die – sozusagen am Rande – die Gottesfrage stellen. In Superheldenfilmen etwa, die es wie Sand am Meer gibt, tritt immer ein ähnliches Bild auf: Eine Figur setzt sich für das Gute ein, versucht, die Menschen vor dem Bösen zu retten, und macht sich dadurch unbeliebt bei den Bösen, die ihn zu töten versuchen. In einem dramatischen Kampf gewinnt letztlich der Superheld. Auch Jesus setzt sich für das Gute ein, er erlöst die Menschen und heilt sie. Nicht alle sehen es gern, dass er im Namen Gottes Wunder wirkt – was ihn schließlich bis ans Kreuz bringt. Doch Jesus Christus, der biblische Held, bleibt nicht tot. Gott besiegt den Tod und schafft es, die Hoffnung und das Gute in der Welt aufrechtzuerhalten.

Und dann gibt es noch die Computerspiele. Bei »World of Warcraft« ist die Aufgabe, Kämpfe gegen Monster zu gewinnen. Dabei kann jeder Spieler sich selbst eine Rolle aussuchen. Die Hälfte der Rollenangebote verfügt über magische oder religiöse Fähigkeiten. Die Spiele eröffnen zwar keine religiöse Perspektive und liefern keine Antworten auf Sinnfragen, aber sie bieten den Jugendlichen eine Vielzahl religiöser und magischer Vorstellungen. Die Auswahl der Rolle kann ein Ansatzpunkt der Auseinandersetzung mit der eigenen Glaubenswelt sein.

Wer weiß, wie die Medienwelt funktioniert, weiß auch etwas mehr darüber, wie die Jugend tickt. Es ist schade, dass viele Pädagogen und Pfarrer von Computerspielen zu wenig Ahnung haben. So wird die Chance verpasst, die ethischen Probleme, die im Spiel verarbeitet werden, mit jungen Menschen zu diskutieren. Vielleicht wäre es mal eine Idee, sich im Firmkurs ernsthaft mit Computerspielen auseinanderzusetzen und sie auf religiöse Elemente zu durchforschen oder auch Superhelden-Filme anzuschauen, die viele theologische Fragen aufwerfen. Ebenso könnte die Analyse von Songs dazu beitragen, große Stars über ihren Glauben oder ihr Verständnis von Gott sprechen zu lassen. Ein sehr animierendes Lied, das durchaus auch im Gottesdienst verwendet werden könnte, ist »Say yes« von Michelle Williams, Beyoncé und Kelly Rowland. Sie singen in ihrem Lied darüber, zu Jesus Ja zu sagen und mit ihm durchs Leben zu gehen.

KAPITEL 6

In der Smartphone-Kathedrale

oder: Kein Anschluss ohne diese Nummer

Online missionieren – die Zukunft des Christentums?

Bei einer Vollversammlung des vatikanischen Kommunikationssekretariats hielt Papst Franziskus am 4. Mai 2017 eine Ansprache, bei der er von der »Evangelisierung im digitalen Kontext« sprach. Dabei betonte er, dass es darum gehe, »neue Kriterien und Wege zu suchen, um das Evangelium der Barmherzigkeit allen Völkern zu übermitteln – im Herzen der verschiedenen Kulturen und über die Medien, die der neue digitale Kontext unserer Zeitgenossen zur Verfügung stellt«.[116]

Eine ARD/ZDF-Online-Studie aus dem Jahr 2014 zeigt, dass die Online-Nutzung bei den Jugendlichen zwischen 14 und 29 Jahren pro Tag in den letzten Jahren stark gestiegen ist. Junge Menschen halten sich inzwischen fast Tag und Nacht in den Sozialen Medien auf. Sie wachsen damit auf, und ich bin mir sicher, dass die Nutzung Sozialer Netzwerke in den nächsten Jahren noch zunehmen wird.

Morgens, wenn der Handywecker klingelt, ist es das Erste, was ich tue: Schauen, was für Nachrichten auf meinem Smartphone sind. Teilweise beantworte ich eingegangene Mails und WhatsApp-Nachrichten noch im Bett. Tagsüber schaue ich immer wieder aufs Handy, nehme es in die Hand und erkundige mich, was bei Instagram, Facebook oder Twitter Neues zu sehen und zu lesen ist. Viele meiner Freunde haben zusätzlich noch Snapchat. Wenn man heute jemanden erreichen will, dann über das Internet.

Papst Franziskus kennt die Lebenswelt der jungen Menschen. So sagt er in der Botschaft zum 48. Tag der Sozialen Kommunikationsmittel (2014): »Bei der Alternative zwischen einer Kirche, die auf die Straße geht und dabei Probleme bekommt, und einer Kirche, die an Selbstbezogenheit krank ist, habe ich keine Zweifel, der ersten den Vorzug zu geben. Und die Straßen sind die der Welt, wo die Menschen leben, wo man sie erreichen kann – effektiv und affektiv. Unter diesen Straßen sind auch die digitalen, überfüllt von Menschen, die oft verwundet sind: Männer und Frauen, die eine Rettung oder eine Hoffnung suchen. Auch dank des Netzes kann die christliche Botschaft ›bis an die Grenzen der Erde‹ (Apg 1,8) gelangen.«

Hier ist auch das Wort Jesu im Matthäusevangelium zu nennen. Er sagt zu seinen Freunden: »Geht zu allen Völkern und macht alle Menschen zu meinen Jüngern« (Mt 28,19). Damals war damit klar gemeint, dass sie von Dorf zu Dorf ziehen, sich auf den Marktplatz stellen und von Jesus und seiner Botschaft berichten. Dass sie an Türen klopfen und – wenn sie hineingelassen werden – am gedeckten Tisch das Evangelium auslegen, von den Wundertaten Jesu erzählen und so die Menschen zum Glauben an ihn begeistern. Heute ist das etwas schwieriger.

Es gibt es noch, das persönliche Ansprechen auf der Straße oder an der Haustüre. Ich habe das Gefühl, dass auch ich »anfällig« dafür bin, von den Zeugen Jehovas angesprochen zu werden. Auf der Straße wurde ich schon mehrmals von ihnen angehalten und gefragt, ob nicht auch ich die Wahrheit suche, und auch an der Haustüre habe ich sie in ein langes Gespräch verwickelt, um ihnen theologisch auf den Zahn zu fühlen. Topmodern ausgerüstet mit der Bibel auf dem iPad versuchten sie, »modern« zu missionieren.

Vor einiger Zeit besuchte ich das Konstanzer Münster. Ich genoss die Stille und betete. Nach einer ganzen Weile kam eine Frau zu mir in die Kirchenbank und fragte mich: »Haben

Sie Kummer? Ich habe Sie weinen sehen.« Ich hatte gar nicht geweint und wunderte mich, wie sie auf diese Idee kam. Ich hörte ihr dennoch weiter zu: »Wollen Sie reden? Brauchen Sie Hilfe?« Ich bedankte mich freundlich und sagte, es gehe mir bestens. Dann zückte sie ein Heftchen und sagte mir, dass ich bei ihnen willkommen sei. Es war eine Broschüre der Zeugen Jehovas. Ich war etwas erschrocken, dass sie auch in Kirchen Menschen »abwerben«, und dachte mir gleichzeitig, ob wir vielleicht nicht auch so etwas brauchen: Menschen, die auf andere Menschen bewusst zugehen, sie ansprechen, sie ein Stück des Wegs in ihrem Leid oder in ihrer Freude begleiten. Dazu bedarf es aber theologischen Wissens und seelsorgerlichen Geschicks, um im Austausch mit dem Gegenüber gut argumentieren und einfühlsam sein zu können.

Sicher gehört »Mission« zum Wesen des Christentums. Jesus selbst hat dazu aufgerufen und seinen Jüngerinnen und Jüngern gesagt, sie sollen in die Welt gehen und allen die Frohe Botschaft verkünden. Doch Missionierung ist nicht gleich Missionierung. Auf mich wirkt das Auftreten der Zeugen Jehovas immer etwas abschreckend, obwohl ich mich gern auf Diskussionen mit ihnen einlasse. Öffentliches Missionieren ist nicht so mein Ding. Es ist, glaube ich, nicht die Stärke der europäischen (katholischen) Kirche. Ich lasse mich gern auf Gespräche ein, diskutiere und versuche Fragen zu beantworten, aber auf die Straße zu gehen und gezielt zu missionieren, da die anderen vermeintlich das Falsche glauben oder »im Unheil« leben - nein danke. Allerdings habe ich immer wieder fruchtbare Gespräche mit Menschen, die den Mut haben, Menschen auf der Straße anzusprechen und in der Öffentlichkeit über Jesus zu reden.

Ich denke, dass – wenn Jesus heute lebte – er diejenigen Kommunikationsmittel nutzen würde, die ihm heute zur Verfügung stünden, um die Menschen anzusprechen: die Sozialen Medien. Ich glaube, dass er mehr twittern würde als Donald Trump und bei Instagram mehr Follower hätte als Kim Kardashian. Er würde dort Vorher- und Nachher-Bilder seiner Wunder posten und hätte einen eigenen Youtube-Kanal, auf dem er unter anderem die Bergpredigt in moderner Sprache zu den Menschen bringen würde – natürlich auf Englisch. Er würde bei Facebook Freunde sammeln, um sich mit ihnen über gesellschaftliche, aber auch religiöse Themen auszutauschen, und er würde auf seinem Blog all seine Fans mit Bildern von seinen Reisen auf dem Laufenden halten: seinen Standort, was er heute gemacht hat, wen er geheilt hat, mit wem er sich auf Facebook angelegt oder mit wem er sich bei Twitter mittels 140 Zeichen einen Schlagabtausch geliefert hat.

Auch wenn die Sozialen Medien mit Vorsicht zu genießen sind und sicherlich ihre Tücken haben, denke ich, dass sie für die Zukunft der Kirche unerlässlich sind. Auch für Papst Franziskus bedeutet, die Türen der Kirche zu öffnen, sich »der digitalen Umwelt zu öffnen«. Namentlich Europa nannte schon Papst Benedikt XVI. einen »digitalen Kontinent«. Dieser »digitale Kontinent« darf nicht vernachlässigt werden, da er ein Ort ist, in dem sich junge Menschen überwiegend aufhalten, Rat suchen und sich mit anderen Freunden »treffen«. Die Menschen leben heute in einem »vernetzten Individualismus«. Teilweise geschieht heute bereits Identitätsbildung mittels des Internets.

Die Kirche und die Social Media

Papst Franziskus hat seit Beginn seiner Amtszeit einen Twitter-Account. Schon sein Vorgänger Benedikt XVI. twitterte unter *@Pontifex*. Ein Papst, der nicht twittert, ist heute kaum mehr vorstellbar. Als Benedikt XVI. seinen ersten Tweet in die Welt schickte, löste das in der Weltöffentlichkeit einen Riesenspektakel aus. Insgesamt acht Accounts in verschiedenen Sprachen wurden für den Papst eingerichtet. So unternahm die Kirche einen Schritt in die neue, mediale Welt und schaffte – zumindest in medialer Hinsicht – den Weg ins digitale Zeitalter.

Papst Franziskus erreicht über 30 Millionen Follower mit seinen Kurznachrichten über Twitter. Miley Cyrus folgen 41,2 Millionen Menschen, Selena Gomez 57 Millionen, Justin Biber hat sogar 106 Millionen Follower. 2 Millionen Twitter-Fans hat die Kölnerin Bibi, eine Youtuberin, die über Beauty spricht und bei den Jugendlichen einer Umfrage zufolge zu den beliebtesten Idolen gehört. Das sind unglaubliche Zahlen. Zum Vergleich: Bischof Franz-Josef Overbeck von Essen wagt sich auch ins Twitter-Terrain vor, aber hat mit 2070 Followern noch einen weiten Weg vor sich bis in die erste Liga.

Mich erstaunt immer wieder, dass Beauty-Videos solchen Erfolg haben, spirituelle Impulse hingegen kaum gehört werden. Aber so ist das heute. Auch ich selbst schaue mir ganz oft lieber Bilder auf Pinterest an, statt in der Bibel zu lesen. Auch ich höre auf Youtube lieber Musik, statt mir eine Predigt anzusehen.

In der Schweiz hat eine Pfarrei im Kanton Zug ihr mediales Angebot, das Facebook und Homepage enthält, erweitert, indem sie eine App einrichtete, welche die User dank

Push-Nachrichten über die Inhalte der Facebook-Seite auf dem Laufenden hält. Aus dem »Pilgerzentrum Rom« kommt die App »*Wegbegleiter für Pilger Roms*« mit vielfältigen Informationen über Rom und den Vatikan und Hinweisen auf deutschsprachige Gottesdienste in der Stadt.

Immerhin hat fast jede Pfarrei inzwischen eine Facebook-Seite, auf der sie über Veranstaltungen und bevorstehende Gottesdienste informiert und auf der die Bilder der Erstkommunion und der Firmung zu sehen sind. Dadurch soll das jüngere Publikum erreicht werden. Ich bin mir - ehrlich gesagt - nicht so sicher, ob man damit Menschen im Glauben begeistern kann. Immer weniger Jugendliche sind auf Facebook; Facebook kam auf, als ich noch Teenagerin war. Nun bin ich 27 Jahre alt und eine halbe Generation von der Jugend entfernt. Ich kenne einige Teenager, die bewusst nicht auf Facebook sind, da dies »für alte Leute« sei - damit meinen sie Menschen wie mich. Teenager halten sich heute überwiegend auf Instagram, Snapchat & Co auf. Morgen wird es etwas anderes sein.

Ich bezweifle also, dass allein durch eine Pfarrei-Facebook-Seite jüngere Leute angesprochen werden. Aber was ich dennoch wichtig finde, sind gut strukturierte Homepages. Zwar gibt es noch engagierte Pfarreien, die ihre Pfarrblätter an alle Haushalte schicken. Aber wer liest die noch? Auch bei mir, obwohl ich mich für theologische und religiöse Themen stark interessiere, landet das Pfarrblatt oftmals nach kurzer Durchsicht im Papierkorb. Hingegen erkundige ich mich stets über die Webseiten der Kirchen, wann Gottesdienste oder Veranstaltungen sind - denn bis dahin ist mein Pfarrblatt ja bereits im Altpapier. Leider musste ich schon viel herumklicken, nur um Informationen über Gottesdienstzeiten zu finden. Andere geben die Suche vielleicht sofort auf. Denn heute bekommt man Informationen schnell. Und wer keine schnellen Informationen liefern kann, wird nicht mehr beachtet.

Da die Menschen heute in den Sozialen Medien zusammenströmen und sich austauschen, Bilder teilen und Videos von sich hochladen, ist es für die Kirche unerlässlich, auch dort ihre Präsenz zu zeigen. Die römisch-katholische Landeskirche des Kantons Luzern in der Schweiz bietet einen Grundkurs zu »Social Media und Kirche« an. In dem Kurs soll erlernt werden, wie man verschiedene Personengruppen erreichen kann, welche Ansprache die richtige ist und welche Kanäle für welche Aktivitäten geeignet sind.

Soziale Medien nutzen

»Habt keine Angst, Bürger der digitalen Umwelt zu werden. Die Aufmerksamkeit und Gegenwart der Kirche in der Welt der Kommunikation ist wichtig, um mit dem Menschen von heute im Gespräch zu sein und ihn zur Begegnung mit Christus zu führen: Eine Kirche, die den Weg begleitet, weiß sich mit allen auf den Weg zu machen. In diesem Zusammenhang ist die Revolution der Kommunikationsmittel und der Information eine große und begeisternde Herausforderung, die frische Energien und eine neue Vorstellungskraft verlangt, um den Menschen die Schönheit Gottes zu vermitteln.«[117] Diese Worte stammen von Papst Franziskus, der die ältere Generation ermutigen will, vor neuer Technik, etwa dem Smartphone, nicht zurückzuschrecken.

Ich kenne einige Pfarrer und Pfarrerinnen, die eine Whats-App-Gruppe haben, um Termine zu Gruppenstunden oder Jugendveranstaltungen (Firm- oder Konfirmandenunterricht) zu vereinbaren. Auf Facebook, Twitter und Instagram posten sie Bilder von Veranstaltungen und geben Einblick in ihr Leben. Sie wissen, dass das Smartphone die moderne Kathedrale ist. Es gibt gerade in der Adventszeit schöne Angebote, über WhatsApp täglich einen geistlichen Impuls zu bekommen. Es gibt das Stundenbuch und die Bibel als App. Die Bibel gibt es sogar zum Anhören. Auch gibt es den Rosenkranz zum Herunterladen.

Durch vermehrte Online-Auftritte des Papstes, von Bischöfen oder Gläubigen aus dem Kirchenvolk kommen andere Menschen mit dem Christentum, mit dem Glauben stärker in Kontakt. Das ist ein guter Anfang. Allerdings darf es dabei nicht bleiben. Der Glaube an Jesus Christus schließt immer auch den persönlichen Kontakt mit anderen Menschen ein – nicht nur auf der Ebene des Internets. Denn dort kann man zwar viele Menschen erreichen, aber dennoch ist jeder für sich allein. Für die persönliche Begegnung von Mensch zu Mensch brauchen wir die Kirche. Aber die Sozialen Medien können helfen, dorthin einzuladen. Sie können Wegweiser zur Kirche sein.

KAPITEL 7

Darf Kirche Spaß machen?

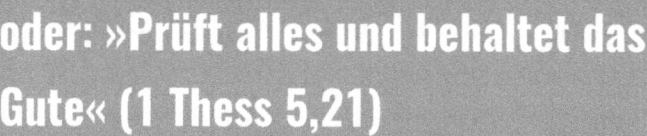

oder: »Prüft alles und behaltet das Gute« (1 Thess 5,21)

Keine alten Hüte für junge Köpfe

Gerade für junge Leute ist das »Gefühl«[118] ein wichtiger Zugang zu dem, was für sie real und wichtig ist. Sie sehnen sich nach einer spirituellen Erfahrung. Denn sie fragen sich: Wie soll ich an einen Gott glauben, wenn ich ihn nicht spüre?

Gott nimmt sich ja zurück, lässt sich nicht sehen und drängt sich nicht auf, weil er die Freiheit, die er uns geschenkt hat, bewahren will. Seine Offenbarung ist dennoch nicht nur ein Geschenk für die »Heiligen«, gleichsam für Insider, sondern für alle Menschen, die bereit sind, sich auf Jesus Christus einzulassen und eine liebende Freundschaft mit ihm einzugehen. Gott geht es um eine Liebesbeziehung, um Freundschaft, nicht um Unterwerfung.[119]

Die meisten Menschen wollen heute fühlen, bevor sie glauben. Dieses Fühlen, das Gefühl, von Gott berührt zu werden, vermögen gewisse evangelikale Gruppierungen den Menschen gut zu vermitteln. Heute leben viele im »Konsum-Christentum«. Das bessere Angebot wird ausgewählt. Auch Menschen, die in die Kirche kommen, wollen Freude empfinden und einen spirituellen Gewinn daraus ziehen. So steht die Kirche heute vor der Herausforderung, sich selbst zu »vermarkten«, wie es die Freikirchen erfolgreich tun. Denn dort scheint der Glaube an Gott nicht altmodisch zu sein.

Mitglieder von Freikirchen gehen praktisch ausnahmslos und regelmäßig in den Gottesdienst. Eine Studie von Lausanner Religionssoziologen vom September 2011 zeigt, dass die Freikirchen auch deshalb Zulauf haben, weil sie stets auf der Suche nach neuen Mitgliedern sind. Alle werden ermutigt, neue Personen einzuladen.

Schlüssel zum Erfolg ist eine umfassende Lebenswelt, die bei den Freikirchen angeboten wird: Jugendliche verbringen mit Gleichaltrigen viel Zeit in Gottesdiensten, in Ferienlagern oder beim Sport. Es gibt viele freikirchliche Freizeitangebote, mit denen sie sich besser gegen die säkulare Konkurrenz durchsetzen können als die Landeskirchen oder die katholische Kirche. In den Freikirchen gilt eine religiöse Strenge.[120] Glaubenssätze werden angenommen und dienen als Richtschnur im Alltag, während sie in der katholischen wie evangelischen Kirche mehr und mehr hinterfragt werden.

»Wenn die katholische Kirche so lebendig wäre wie die Freikirchen, wären die Bänke wieder voll.« So oder so ähnlich höre ich es oft. Doch wäre eine Anpassung an die Freikirchen wirklich die Lösung aller Probleme? Ich glaube nicht, dass alle »traditionellen« Gottesdienste abgeschafft und stattdessen einzig »Party-Gottesdienste« gefeiert werden sollten. Dann würden sich viele – gerade ältere – Menschen, die den traditionellen Gottesdienst schätzen, überrumpelt und ausgebootet fühlen. Sicher müssen die Katholiken auch nicht auf der Straße mit »Kirche macht Spaß« werben. Doch was gewiss helfen würde: Ernsthaftigkeit und Glaubwürdigkeit. Die Leute sollen spüren, dass die Kirche über zentrale Fragen nachdenkt und sich Problemthemen nicht verschließt. Es bedarf einer guten, verständlichen Theologie, die durch kraftvolle Predigten unterstrichen und greifbar wird. Wenn im Gottesdienst gut gepredigt wird, wenn schöne Lieder ausgesucht werden und man dem, der den Gottesdienst leitet, ansieht, dass es für ihn oder sie Bedeutung hat, kann die Liturgie zu einem Gesamtkunstwerk werden. Dies strahlt aus und verbindet Ästhetik und Spiritualität in einer Feier mit dem lebendigen Gott.

Promoter für Jesus

Promotion ist bei jedem Produkt das A und O – auch beim Glauben. Ich bin überzeugt, dass die Kirche, dass der christliche Glaube das ebenfalls braucht. Das Angebot (der christliche Glaube) ist top. Aber wenn wir es in graues Papier verpacken und die Werbung mit einer monotonen Stimme unterlegen, spricht das die Adressaten wohl wenig an. Heute geht es mehr denn je um die Verpackung und das Präsentieren der Produkte. »Das Auge isst mit«, weiß der Volksmund. Die Kirchen versuchen viel und haben inzwischen in diesem Bereich auch einiges erreicht – aber noch nicht genug.

Die besten Promoter sind die Menschen vor Ort. Auch wenn junge Menschen viel von der älteren Generation lernen können – insbesondere von ihrem Glauben –, wirken »promotende« junge Menschen eher auf Gleichaltrige. Meine Großmutter war sehr gläubig. Mich hat das nicht beeindruckt, sondern eher abgeschreckt. Ich wollte doch nicht dem gleichen Club angehören wie sie. Ich wollte in einem Club sein, der auf junge Leute attraktiv wirkt.

Promoter müssen langen Atem haben. Ich selbst sehe mich als einen Promoter für Jesus und die Kirche. Ich darf in den Medien präsent sein und spreche offen über meinen Glauben und darüber, dass ich die Kirche mag, auch wenn ich sie zuweilen kritisiere. Ich spreche über meinen Glauben, wenn ich darauf angesprochen werde. Dennoch halte ich mich oft zurück – auch, wenn ich nichts lieber mache, als über Gott zu sprechen. Sitze ich im Zug und komme mit einer Person ins Gespräch, erzähle ich nicht automatisch von Jesus und der Kirche. Wenn allerdings die Situation es erlaubt, dann sicher.

Spätestens, wenn gefragt wird, was ich studiert habe, sind wir mitten in der Thematik. Ich glaube, was wichtig ist, um ein guter »Promoter« zu sein, ist, die Sprache der anderen zu sprechen, ansprechbar zu sein und offen, kritisch gegenüber der eigenen Haltung.

Ich spüre bei der katholischen Kirche oft eine gewisse »Menschenfurcht«. Das führt dazu, dass uns die Freikirchen in ihrer Promotion schon vor Jahren weit überholt haben. Die meisten pflegen eine pragmatische, missionarische Pastoral, die sich gezielt die Frage stellt, wie kirchendistanzierte Menschen erreicht werden können. Von dieser promotenden Pastoral können Katholiken wie Protestanten lernen.

Der Vatikan hat neue Richtlinien zur Priesterausbildung herausgegeben. Darin wird gesagt, dass der Priester ein »Jünger Christi« sein soll, der das Volk Gottes mit »missionarischem Schwung« und »missionarischer Sehnsucht« leitet, denn es brauche eine Kirche, »die noch mehr hinausgeht, um die Menschen zu erreichen«.[121] Das ist alles richtig. Aber was heißt das für die Umsetzung?

Die Zeitschrift »Christ in der Gegenwart« schrieb: »Mission ist kein Hobby der ›Frommen‹, sondern sollte die Basiskompetenz jedes Christen sein.« Dieser Ansicht ist auch der Vorsitzende der Deutschen Evangelischen Allianz, Ekkehart Vetter. Ich kann nur beipflichten. Genau das braucht es wieder neu: Die Menschen mit Jesus bekannt machen und den christlichen Glauben mit viel Kreativität und Vielfalt zu den jungen Menschen bringen. Auch Papst Franziskus versucht, Mut zu machen, indem er sagt: »Wir müssen missionarisch leben.«

Wie das gelingen kann? Dietrich Bonhoeffer brachte es auf den Punkt: »Christsein ohne Jüngerschaft ist immer Christsein ohne Christus.« Jesus hat der Kirche einen klaren Auftrag erteilt: die Menschen zu seinen Jüngern und Jüngerinnen zu machen. Es ist Aufgabe der Kirche, den Menschen den Glauben näherzubringen. Dazu muss zunächst sie selbst sich an Jesus Christus orientieren und ihn ins Zentrum von allem stellen.

Messen in Messehallen?

»Was Gott will und liebt, ist nicht in erster Linie die Kirche, sondern eine neue Gesellschaft, innerhalb derer dann auch die neue Kirche angesiedelt ist« (Leonardo Boff).[122] Es ist immer die Herausforderung der Zeit, neue Formen zu finden, in denen Menschen ihren Glauben leben und Kirche aktiv mitgestalten können. Auch in der Liturgie bedarf es neuer Formen, denn der klassische Gottesdienst reicht vielen Menschen nicht mehr aus, um ihren Glauben zu vertiefen. Manche Bibel- oder Hauskreise, die einmal lebendige Gruppen waren, wirken heute altbacken, wenig einladend für Neue.

Ich höre immer wieder, dass die Kirche der Zukunft wie in der Urkirche aus Hauskirchen bestehen werde, mithin aus kleinen Gemeinschaften, die sich zum Gebet treffen. In einer österreichischen Pfarrei habe ich ein solches Modell einmal erlebt. Dort trafen sich einige Frauen zum gemeinsamen Brotbrechen. Sie haben ihren Gottesdienst so gestaltet, wie es die ersten Christen vorlebten. Alle saßen um einen Tisch; es wurden Gebete gesprochen über das Brot, das im Anschluss daran gegessen wurde. Auch wurden Wein und Traubensaft getrunken. Gemeinsam lasen sie in der Bibel und tauschten sich darüber aus. Es war ein wunderbarer Gottesdienst, der ein Gefühl der Zugehörigkeit zu einer Familie schenkte. Die Teilnehmerinnen beteiligten sich alle aktiv an der Gestaltung und nahmen die Chance wahr, über die gelesene Bibelstelle zu sprechen und eigene Gebete laut zu formulieren.

Die Menschen sind anspruchsvoller geworden. Der Gottesdienst soll ihnen spirituelle Kraft auf ihrem Weg durch die Zeit schenken. Gerade junge Menschen wollen eine gut gestaltete Liturgie, eine »anhörbare« Predigt, eine erlebbare Gemeinschaft. Sie möchten die Nähe Gottes während der Feier spüren.[123] Dabei spielt die Musik eine wichtige Rolle; sie ist der wichtigste atmosphärische Faktor im Gottesdienst. »In die Kirche zu gehen und nicht zu singen, ist wie ins Fitnessstudio zu gehen, ohne zu trainieren.«[124]

Ich denke dabei gern an den Film »Sister Act«. Als die Ordensschwestern während eines Gottesdienstes fröhliche Gospellieder singen, weckt dies das Interesse von Jugendlichen, die sich vor der Kirche aufhalten. Sie gehen hinein und bleiben im Gottesdienst. Im Film sieht man diese Jugendlichen in den Kirchenbänken immer wieder. Musik geht direkt ins Herz; sie bestimmt, wie sich Menschen fühlen, wie sie Eindrücke wahrnehmen und was sie vom Gottesdienst mitnehmen. Über Musik kann Glaubensleben erwachen.

In der neuen Messordnung gibt es verschiedene Musikstile zur Auswahl. Bei der Auswahl ist es gut, drei Kriterien zu beachten, die Joseph Ratzinger herausgearbeitet hat: 1. Die Musik steht in Bezug zu Gottes Wort und seiner Erlösungstat; sie »bezieht sich auf die von der Bibel bezeugten und im Kult vergegenwärtigten Ereignisse von Gottes Handeln ...«. 2. Sie erhebt die Herzen der Menschen zu Gott: »Das Beten überhaupt und in besonderer Weise die das Wort überschreitende Gabe des Singens und Spielens vor Gott ist Geschenk des Geistes, der die Liebe ist, in uns Liebe wirkt und uns so zum Singen bringt.« 3. Sie verbindet die Einzelnen mit der »Zeiten und Orte übergreifenden Gemeinschaft« der Kirche und des ganzen Kosmos. Musik im Gottesdienst ist Mitsingen in der Antwort der Schöpfung auf das Wort Gottes.[125]

Jede Zeit kennt ihre Neuerungen. Bei seiner Einführung im Mittelalter war der mehrstimmige Choral zunächst nicht unumstritten, ebenso wenig wie heute Schlagzeug, E-Gitarre und Lichtinstallationen in der Kirche.

Die »Tagesschau« vom 8. Januar 2017 betitelte einen Bericht über die ökumenische »Mehr«-Konferenz als »Holy Fascination in Augsburg: Kirche als Pop-Ereignis«. Die »Augsburger Allgemeine« schrieb: »Tausende singende und tanzende Gläubige bei einer katholischen Messe. Lobpreislieder mit Elektrogitarren und Schlagzeug. Eine Predigt, unterbrochen durch lauten Jubel aus dem Publikum.« Die Mehr-Konferenz war ein ökumenischer Gottesdienst, bei dem über 10.000 Gläubige in einer Messehalle Gott feierten. Knapp die Hälfte der Anwesenden war katholisch, der Rest meist aus dem freikirchlichen Spektrum. Bei dem Event gab es auch Vorträge, Möglichkeiten zum Gespräch, musikalischen Lobpreis, einen Raum für stille Anbetung und Gelegenheit zur Beichte.

Gastgeber war das ökumenisch-charismatische »Gebetshaus Augsburg« und dessen Gründer, der katholische Theologe Johannes Hartl. Das Gebetshaus ist keine offizielle kirchliche Einrichtung, aber wird von der Diözese Augsburg zumindest ideell unterstützt. Im Gebetshaus wird an 365 Tagen rund um die Uhr gebetet. Hartl sieht in seiner Initiative einen neuen geistlichen Aufbruch. Dadurch soll Leidenschaft für Gott sichtbar gemacht und belebt werden. Es brauche neue Gottesdienstformen, um Menschen wieder für den Glauben zu begeistern, so Hartl. In seinem Gebetshaus wird die christliche Botschaft jugendgerecht gestylt. Mit modernster Technik, Lichteffekten und Smartphones auf der Bühne wird die Frohe Botschaft verkündet. Moderne Lieder sind dabei ein Muss. Bei der Mehr-Konferenz 2018 wurde in zehn Thesen das »Mission Manifest« für ein Comeback der Kirche verabschiedet.[126]

Solche Großevents wie die Mehr-Konferenz oder »Nightfever« ziehen immer mehr junge Menschen an. Auch beim europäischen Taizé-Jugendtreffen in Riga haben sich 15.000 junge Menschen versammelt, um gemeinsam zu beten und Gottesdienst zu feiern. Beim Taizé-Treffen in Basel 2017 nahmen sogar 17.000 junge Gläubige aus ganz Europa teil. Die Taizé-Spiritualität unterscheidet sich von der freikirchlichen: Taizé betont mehr die innere Kontemplation, freikirchliche Events mehr die äußerlich sichtbare Ergriffenheit.

Solch eine Faszination für den Glauben findet sich - abgesehen vom Weltjugendtag - nur sehr selten. Am Sonntag scheinen die Kirchen in den Gemeinden fast leer zu sein. Bei Großevents hingegen sind die Messehallen bis zum letzten Platz besetzt. Sind also Messehallen-Events die Zukunft der Kirche? Sicher ist: Solche Veranstaltungen sind in den letzten Jahren sehr beliebt geworden. Sie sind eine Ergänzung zur Jugendarbeit in den Pfarreien und in den Diözesen. Sie können für den einen oder anderen sicherlich ein besonderer Moment sein. Sie haben eine große Anziehungskraft, die freilich überschätzt werden kann. Denn was passiert mit dem Glauben, mit dieser Begeisterung, wenn man wieder zu Hause ist? Wird durch solch einen Event neues kirchliches Engagement geweckt?

Ich denke, dass Messehallen-Veranstaltungen durchaus eine Chance für die Kirche sind. Etwa, wenn Jugendliche voller Elan zurückkommen und in ihrer Pfarrei eine neue Gruppe organisieren oder gemeinsam mit der Jugendarbeit vor Ort neue Angebote ausarbeiten. Ich denke, dass es nicht nur *einen* Weg gibt, den Glauben zu erfahren und zu vertiefen. Es braucht ein breites Angebot. Denn jeder Mensch hat seinen eigenen Zugang zu Gott. Den einen reicht hierfür der »normale« Sonntagsgottesdienst, andere lassen sich von Taizé-Treffen oder Nightfever begeistern.

Auch bei der »Explo«, einem freikirchlichen Event in einer Messehalle, stehen Gläubige mit ausgestreckten Armen da, beklatschen die Predigten und weinen vor Rührung. Auch dort gibt es neben den Gottesdiensten Plenarveranstaltungen mit in der freikirchlichen Szene bekannten Referenten aus dem In- und Ausland, Lobpreiszeiten, Seminare, eine Missionsausstellung, Konzerte, ein »Jesus-ist«-Café oder eine Bibel-Oase. Gerade in der Konsumgesellschaft suchen junge Menschen Erlebnisse. Und die finden sie durch die große Auswahl auf der Explo und bei anderen christlichen Messehallen-Events.

Jugend-Events haben ein »missionarisches Potenzial«,[127] da bei solchen Veranstaltungen sowohl kirchenferne als auch glaubensdistanzierte Jugendliche in Kontakt mit Evangelium und Kirche treten. Da immer weniger Gläubige in der Lage sind, über ihren Glauben zu sprechen, können solche Events dabei helfen, ein wichtiges emotionales Element zurückzugewinnen. Denn Glaube ist nicht *nur*, aber *auch* Begeisterung, laute Musik und Lichtinstallationen im Gottesdienst.[128]

170

Das Phänomen »Freikirche«

Wer schon einmal einen Gottesdienst der Freikirche »International Christian Fellowship« (ICF) besucht hat, weiß, dass man dort nicht 60 Minuten andächtig in der Kirchenbank sitzt und leise vor sich hinbetet. Diese Gottesdienste sind Treffpunkte mit Freunden, man tanzt gemeinsam zu elektronischer Musik und feiert Jesus. Daher nennen die ICFler ihre Gottesdienste auch »Celebrations«. In den letzten vier Jahrzehnten hat sich die Zahl der Mitglieder der charismatischen Freikirchen in der Schweiz rund verfünffacht.

Ein Kennzeichen von »Freikirchlern« ist das starke Engagement in den Gemeinden. Die ganze Familie ist involviert ins Gemeindeleben. Ein solches Engagement ist eine Herausforderung, denn es »stellt die Kirchen vor die Frage ihrer eigenen Erneuerungsfähigkeit und Offenheit gegenüber einer heutigen ›Reformation‹ aus dem Geist Christi«.[129]

Meinen ersten Kontakt mit Anhängern einer Freikirche erlebte ich mit 15 Jahren in München. Dort besuchte ich mit einer Freundin einen Gottesdienst in einem einfachen Pfarrsaal. Ein Mann, etwa Mitte 20, predigte aus dem Stegreif. Es gab Musik, und manche tanzten wild um ihre eigene Achse. Mich hat das wenig beeindruckt. Doch was mir noch heute stark im Gedächtnis haftet, ist der innere Zusammenhalt. Die einzelnen Gemeindemitglieder kannten sich gut. Sie halfen einander, und auch innerhalb der Familien war der Glaube ein ständiger Begleiter im Alltag. Am Abend wurden wir von einer jungen Familie zum Essen eingeladen. Selbstredend wurde bei Tisch gebetet – auch die Kleinsten kannten die Gebete.

Junge Familien sind in der freikirchlichen Gemeinde sehr

gut integriert. So gibt es bei vielen Freikirchen Kinderbetreuung und Extra-Programmpunkte für die Jugendlichen. Die ganze Familie wird in der Gemeinde wahrgenommen und dem Alter entsprechend unterschiedlich angesprochen. So, dass nach dem Gottesdienst alle heimgehen und sich freuen, dagewesen zu sein. Die Kinder, weil sie ein Bild von Jesus ausmalen und singen durften. Die Eltern wegen einer guten Predigt und des persönlichen Gebets, und die Jugendlichen sind happy, weil sie englische Pop-Rock-Lieder singen und mit ihren Freunden zusammen sein durften.

Es ist verblüffend, dass in einer Zeit, in der Kirchen immer leerer werden und die Religion aus der Gesellschaft zunehmend verdrängt wird, Freikirchen wie Pilze aus dem Boden schießen und neue Gemeinden gründen.[130] Sie legen religiösen Eifer an den Tag und bekunden ihre Verbundenheit mit wenig modernen Werten – obwohl sie das auf eine sehr moderne Art und Weise tun. Denn die religiöse Einstellung von Evangelikalen ist sehr strikt. Bei Themen wie Scheidung, Homosexualität, Abtreibung oder vorehelichem Sex heben sie sich stark von der Gesellschaft ab. 89 Prozent der Freikirchler lehnen homosexuelle Beziehungen ab, während der Großteil der Bevölkerung sie akzeptiert und es in Deutschland nun sogar die Ehe für homosexuelle Paare gibt. Gegen vorehelichen Sex sind 66 Prozent der Anhänger von Freikirchen. In der Schweizer Bevölkerung hingegen sehen nur fünf Prozent das so eng. Die amerikanische Kulturwissenschaftlerin Marcia Pally stellte eine enge Verbindung zwischen Evangelikalen und dem Neokonservatismus fest.[131]

Die Freikirchen haben in gewissen Punkten gar striktere Ansichten als das Lehramt der katholischen Kirche. Es gelingt ihnen jedoch, konservative Glaubenslehren mit so verblüffender Leichtigkeit zu vermitteln, dass man sie sogar für modern hält. Jugendliche sagten mir schon öfters, dass die katholische Kirche ja so viele Vorschriften habe und einem fast alles verbiete. Gleichzeitig fanden sie die Freikirchen cool, da diese ja »aufgeschlossen« seien. Das ist aus meiner Sicht nicht der Fall. Sicher, der Gottesdienst ist peppiger gestaltet und wirkt wie ein Pop-Rock-Festival, doch die Inhalte sind alles andere als »modern«. Durch ihre Glaubensüberzeugungen, Praktiken und Werte schaffen und erhalten die Freikirchen ihre Identität. Sie verstehen es, Werte, die die Mehrheit der Gesellschaft als »alt« abtut, so zu verpacken, dass selbst junge Menschen es gut finden.

Jene Freikirchlichen, denen ich begegnet bin, standen mitten im Leben und haben sich zugleich als »konservativ« erwiesen. So gehen viele junge Anhänger von Freikirchen sexuell unerfahren in die Ehe, da alles andere nicht dem Willen Jesu entspreche. In einer Gemeinschaft, in der es viele junge Menschen gibt, ist es auch einfacher, einen Partner zu finden, der die gleichen Werte vertritt. Freikirchen schaffen es durch Öffnung bei gleichzeitiger Abschottung, ihren harten Überzeugungs-Kern zu verteidigen und dabei, zumindest auf den ersten Blick, als modern zu erscheinen.

Wenn man dann auf die katholische und die evangelische Kirche schaut, schneiden diese nicht besonders gut ab. In die sonntäglichen Gottesdienste kommen kaum noch junge Menschen. Es scheint, ab ob die Freikirchen besser wissen, wie Religion im 21. Jahrhundert funktioniert. So ist zu fragen: Müssen die Landeskirchen die Muster der Freikirchen übernehmen, um längerfristig wieder Erfolg zu haben? Ich denke, dass die katholische und die evangelische Kirche ihre eigenen Strategien erarbeiten können und müssen. Sie müssen bei ihren Wurzeln bleiben. Das heißt aber nicht, starr zu sein und die Welt von heute aus dem Blick zu verlieren. Die Freikirchen haben eine sehr gute »Verpackung« und eine »Verkaufsstrategie«, teilweise aber einen Inhalt, den ich für fragwürdig halte. Die großen Kirchen bieten eine solide Substanz (auch wenn diese oft durch falschen Sprachgebrauch verschüttet wird); sie sind aber schlecht, wenn es darum geht, das Produkt zu »verkaufen«. Zudem ist festzuhalten, dass die Katholiken, Lutheraner und Reformierten bei gesellschaftlichen Themen den Freikirchen viel voraus haben: Während Homosexualität für manche Prediger aus Freikirchen »vom Teufel« ist, sagt Papst Franziskus explizit, dass er Homosexuelle nicht verurteilen kann und will. Und auch wenn die katholische Kirche mit ihrer Sexualmoral eine überholte Haltung einnimmt, ist diese immerhin noch lebensnäher als jene der Freikirchen.

Es gibt Freikirchen wie Sand am Meer. Nicht jede ist gleich, evangelikale und charismatische Bewegungen sind in ihren Erscheinungsformen vielfältig. In Zukunft werden sie das kirchliche Leben in Europa immer stärker beeinflussen. Denn sie erscheinen vitaler und aktiver, sie haben Leute, die wirklich dabei sein wollen, die gern und oft ihren Glauben bezeugen. Dieses Zeugnis kann andere begeistern.

Gründe für den Erfolg der Freikirchen sind die Sehnsucht nach Entlastung, der Wunsch nach Klarheit in Glauben und Lebensführung. Evangelikale bieten Orientierung. Durch klare Gebote und Verbote scheint der Alltag leichter zu managen zu sein. Freikirchen bestätigen - anders als die großen Kirchen - jedem Gläubigen seine Bedeutung. Aus dem gemeinsamen

Gehen eines Weges entsteht ein Familiengefühl und Gruppenidentität. Man orientiert sich weniger an der säkularen Welt, in der fast alles möglich und fast alles erlaubt ist. Man grenzt sich ab; damit gibt es mehr Übersicht, namentlich in den klaren Rollen für Mann und Frau.[132]

Vor einigen Jahren traf ich mich mit einer Schülerin. Sie stellte mir viele Fragen über die Bibel und meinen persönlichen Glauben an Jesus. Irgendwann erzählte sie mir, dass ihre Freundin in einer evangelikalen Freikirche sei und die Bibel wörtlich nehme. Sie sei an Psalm 91,11–12 (»Denn er befiehlt seinen Engeln, dich zu behüten auf all deinen Wegen. Sie tragen dich auf Händen, damit dein Fuß nicht an einen Stein stößt«) verzweifelt. Offenbar hatte ihr keiner erklärt, dass für das Verständnis biblischer Texte auch deren historischer Kontext zu beachten ist.

Evangelikale betonen ganz besonders die Notwendigkeit der persönlichen Glaubenserfahrung. Dazu gehören Reue und Bekehrung und eine intensive Beziehung zu Jesus. Der personale Aspekt des Glaubens tritt in den Vordergrund. Sakramenten hingegen wird wenig Bedeutung beigemessen.[133] Die verschiedenen Freikirchen setzen unterschiedliche theologische Akzente im Schriftverständnis, in den Zukunftserwartungen und im Verständnis von Kirche und Welt. Ihr intensives Glaubensleben ruft nicht nur Bewunderung, Zustimmung und Nachfolge hervor. Es gibt auch Menschen, die davon abgeschreckt werden und auf Distanz gehen. Doch das Auftreten der Freikirchen wirkt durchwegs jung und frisch.

Am Luzerner Bahnhof standen vor geraumer Zeit einige junge Leute aus einer Freikirche und verteilten Flyer. Sie waren keine grauen Mäuse, sondern junge, normale Menschen.

Auf Englisch wurde ich angesprochen, ob ich am Sonntag in den Gottesdienst kommen möchte. Gern wäre ich hingegangen, aber an diesem Sonntag war ich nicht in Luzern. Dem Flyer war ein Rundum-Programm zu entnehmen: Neben dem Gottesdienst mit einem Gospelkonzert gab es »Kids Dance«, »Bible Study Class«, Kinderbetreuung und Jugendprogramm. Man kann von den Freikirchen halten, was man will. Aber sie schaffen es, auf kreative Art Herausforderungen der Gegenwart mit biblischem Glauben und christlichen Werten zu verknüpfen und damit viele Menschen anzusprechen. Unter dieser Rücksicht können sie allen Kirchen ein Vorbild sein. Sogar Papst Franziskus zeigt erkennbar Sympathie für sie.

Das globale Aufkommen von Megakirchen

Megakirchen sind vor allem in den USA zu finden.[134] In der Regel sind dies Pfingstkirchen, die in den letzten 20 Jahren explosionsartig gewachsen sind.[135] Auch in Kanada, Australien und Neuseeland gibt es Megachurches, aber ebenso in Brasilien, auf den Philippinen und in einigen afrikanischen Ländern. In Südkorea gibt es eine Kirche, die jedes Wochenende eine Viertelmillion Gottesdienstbesucher anzieht. Seit 1993 steht die pfingstlerisch-charismatische Yoido Full Gospel Church in Seoul als weltgrößte Einzelgemeinde im Guinness-Buch der Rekorde. Es gibt dort 621 Pastoren, zwölf Chöre, die sich abwechseln, und 38.000 Kinder, welche die Sonntagsschule besuchen. An Sonntagen werden sieben Gottesdienste angeboten. Zu jedem kommen mehr als 20.000 Menschen. Heute zählt die Kirche annähernd 800.000 Mitglieder. »Die Kirche ist eine Erfolgsgeschichte der Evangelisation«, schreibt die Frankfurter Allgemeine Zeitung.[136]

Eine Megakirche der Pfingstbewegung steht auch in Sydney (Australien). Die Hillsong Church wurde 1983 gegründet. Auf ihrer Homepage erklärt sie, dass sie sich als weltweite Kirche betrachtet, und beschreibt sich als »globale Familie« und als Haus mit vielen Zimmern. Eigenen Angaben zufolge gehören ihr allein in Australien 21.000 Mitglieder an. Wöchentlich werden die stadionähnlichen Gottesdienste mit mehreren zehntausend Teilnehmern gefeiert. Emotionale Predigten und persönliche Erweckungserlebnisse gehören zum Grundrepertoire. Die Gemeinde produziert ein Fernsehprogramm, das in mehr als 160 Ländern gesehen wird. Sie hat ein College, ein Musiklabel und Ableger in 15 Ländern, Kirchen in Kiew und Kopenhagen, in Los Angeles, London oder São Paulo. Hillsong will eine Anbetungskirche sein, deren Lieder Leidenschaft für Christus ausdrücken, sodass andere die Großartigkeit und Kraft spüren. Die Hillsong Music stand mit verschiedenen Alben mehrfach an der Spitze der australischen Charts. Freikirchen wissen, wie sie Musik einsetzen müssen, um Menschen zu berühren. Denn Musik ist ein starkes und effizientes Werkzeug für die Mission.[137]

Heilige vs. Unheilige

Sehr viele Menschen sehnen sich nach Geborgenheit. Da viele fundamentalistische und stark konservative Gruppierungen oftmals gerade das bieten, gibt es immer wieder Berichte darüber, wie junge Menschen in ihren Bann gezogen wurden. Diese Gruppen vermitteln ein starkes Zugehörigkeitsgefühl. Manche fühlen sich als »bessere Christen«, die näher bei Gott sind. Sie sind der Meinung, dass sie zu den Auserwählten gehören, und lassen das die Außenstehenden dann auch spüren. Papst Franziskus hingegen sagte während einer Begegnung mit Jugendlichen: »Wir sind alle Sünder und haben alle den Heiligen Geist in uns, der die Macht hat, uns heilig werden zu lassen.«[138] Es ist schön, wie Franziskus all jene vom hohen Ross holt, die denken, etwas Besseres zu sein. Und gleichzeitig ermutigt er jene, die dem Heiligkeitsideal nicht entsprechen, selbstbewusst zu werden, weil auch sie in der Kirche, so wie sie sind und wie sie ihren Glauben leben, wichtig sind. Diesem Gedanken hat er ein ganzes Apostolisches Schreiben gewidmet: Hinter dem einschläfernden Titel »Freut euch und jubelt – Über den Ruf zur Heiligkeit in der Welt von heute« verbirgt sich eine Liebeserklärung des Papstes an »das richtige Leben« und an alle, die im Alltag ihren Glauben zu leben versuchen. »Heilig sein bedeutet nicht, in einer vermeintlichen Ekstase die Augen zu verdrehen«, sagt der Papst.[139] »Oft sind wir versucht zu meinen, dass die Heiligkeit nur denen vorbehalten sei, die die Möglichkeit haben, sich von den gewöhnlichen Beschäftigungen fernzuhalten, um viel Zeit dem Gebet zu widmen. Es ist aber nicht so. Wir sind alle berufen, heilig zu sein, indem wir in der Liebe leben und im täglichen Tun unser persönliches Zeugnis ablegen, jeder an dem Platz, an dem er sich befindet.«[140] Glaube braucht also gerade keine Sonderwelt.

Auch im konservativ-katholischen Bereich gibt es spirituelle Gruppierungen, die junge Menschen in ihren Bann ziehen. Etwa die Loretto-Gemeinschaft aus Österreich. Man kann sie als katholisches Gegenstück zu den Evangelikalen betrachten. Sie legt großen Wert auf persönliche Frömmigkeit, ist papst-

und bischofsergeben, jedoch nach meinem Eindruck nicht sehr tolerant gegenüber anderen christlichen Konfessionen.

Eine Mutter, deren Tochter für einige Zeit in dieser Gemeinschaft war, berichtete mir, dass die Bewegung fundamentalistische Züge aufweise, in der jegliches Hinterfragen untersagt sei. Die Predigten wirkten modern und hip und berührten die Gläubigen, aber es gehe um bedingungslosen Glauben und kritiklose Verehrung von Papst und Bischöfen. Diese Mutter sagte mir, dass die Gemeinschaft modern auftrete, aber die heutige Zeit verteufle.

»Neue geistliche Gemeinschaften« weisen oft übereinstimmende Tendenzen auf. Sie sind kirchentreu, charismatisch, strahlen Begeisterung und Jugendlichkeit aus, ziehen junge Menschen an. Aber sie neigen zur Entwicklung einer spezifischen Binnensprache und zum Obrigkeitsglauben. Klarheit vermittelt Orientierung.[141] Frömmigkeit wird in konservativen katholischen Bewegungen oftmals mit einer unkritischen Ergebenheit gegenüber dem geistlichen Amt verbunden.

Kirche als Kulturraum?

Wenn junge und alte Menschen Kirchen besuchen, nicht um zu beten, sondern wegen des kulturellen Schatzes, finde ich das keineswegs verwerflich. Ich denke, solange Menschen – aus welchem Grund auch immer – in die Kirche gehen, vergessen sie nicht, dass es diesen Raum gibt, hinter dem eine 2000-jährige weltweite Geschichte steht. In meiner Kindheit ging mein Onkel, der Kunsthistoriker ist, oft mit mir in Kirchen. Wir beteten nicht. Ich kann mich jedenfalls nicht daran erinnern, beim

Betreten einer Kirche jemals das Kreuzzeichen mit dem Weihwasser gemacht zu haben. Doch die Schönheit der verschiedenen Kirchenräume blieb mir im Gedächtnis. Ebenso die vielen verschiedenen Krippen, die ich in meiner Kindheit gesehen habe. Kirche war ein freundlicher Raum, auch ohne Gespräch mit Gott. Im Gottesdienst hingegen fühlte ich mich fremd und fehl am Platz. Ich glaube, dass ein »religiöses Gefühl« auch bei Menschen entstehen kann, die eine Kirche eher als Museum denn als Gebetsraum sehen. Hier könnte ein Ansatz dafür liegen, diesen Menschen die Kirche nicht nur als kulturelle Stätte näherzubringen, sondern auch als heiligen Raum.

Einmal war ich zu einer internationalen Frauenkonferenz in Philadelphia (USA) eingeladen. Dem griechischen Ursprung des Namens entsprechend, nennt man die Stadt gern »The City of Brotherly Love«. Und tatsächlich: Als ich in einer Kirche war, kamen sogleich zwei nette ältere Damen auf mich zu und begannen ein Gespräch. Es war natürlich und nicht aufgedrängt. Ich hatte kein Bedürfnis nach einem intensiven Gespräch, aber dachte mir: Da ist jemand zum Reden bereit, falls ich es wünsche.

In London wurde ich auf einen großen Kundenstopper aufmerksam, der auf die Möglichkeit zur Beichte und zum Gespräch hinwies. Ich ging in die Kirche und sah einen Priester auf einem Klappstuhl neben der ersten Kirchenbank sitzen. Neben ihm ein Stuhl mit einer Decke. Er las in der Bibel, da gerade niemand zum Gespräch bei ihm war. Diese offene Präsenz gefiel mir. Denn um in den Beichtstuhl zu steigen, muss man sich ja auch erst einmal überwinden ...

Ich kann mir gut vorstellen, dass in einer größeren Kirche, in der viele Touristen ein- und ausgehen, die Möglichkeit besteht, mit jungen Menschen ins Gespräch zu kommen. Kirche als Kulturstätte kann dafür genutzt werden, dass Kirche auch als Glaubensort präsent ist, um Menschen den Glauben als Möglichkeit für ihr Leben anzubieten. Ja, es braucht Menschen, welche die Botschaft des Christentums in den Kirchenräumen (außerhalb der Gottesdienstzeiten) hör- und sichtbar darstellen. Denn Kirchenbauten verlieren auch in einer hochbeschleunigten Zeit nicht an Bedeutung. »Die Kirchbauten sind Zeugnisse des kulturellen Erbes, Manifestationen einer Gegenwelt, freie und – besonders wichtig – nichtkommerzielle Räume, die jedermann offen stehen, zum Verweilen einladen, eine Atmosphäre der Stille schenken und so den religiösen Sinn bei denen wecken, die dazu bereit sind« (Johann Hinrich Claussen).[142] Eine junge Frau schrieb mir von der Anziehungskraft der Kirchen. Auch wenn sie kaum in den Gottesdienst gehe, schätze sie die Ruhe und die Zeit der Besinnung. »Ich bin immer wieder mit Ehrfurcht erfüllt, wenn ich in einer Kirche stehe.« Diese Ehrfurcht kann durchaus auch ein religiöser Moment mit Gott sein.

Es braucht Räume, in denen Jugendliche sich respektiert wissen und sich wohlfühlen. Räume, in denen sie so sein können, wie sie sind, wo Glaubensvermittlung auf mutige und ermutigende Art und Weise geschieht und wo die christliche Tradition nicht im Widerspruch zur zeitgenössischen Jugendkultur steht. Es braucht Räume, in denen junge Menschen sich entfalten können, wo sie Schutz finden und gleichzeitig mit religiöser Praxis in Kontakt kommen. Das muss nicht unbedingt in einer Kirche sein, sondern kann in allen Räumen stattfinden, die durch ihre Lage, ihre Geschichte, ihre Einrichtung oder ihre Ausstrahlung für spirituelle Zwecke besonders geeignet sind.

KAPITEL 8

Bewahren durch Loslassen

oder: Die Ersten
schalten das Licht an

Die Frage des Täufers Johannes an Jesus »Bist du der, der kommen soll, oder müssen wir auf einen anderen warten?« (Matthäusevangelium 11,3), wird heute kaum mehr gestellt – auch nicht in der Kirche. Dabei sollte gerade sie doch der Ort sein, um über Gott zu sprechen; aber ich muss immer wieder mit Erstaunen feststellen, wie wenig man in der Kirche von Gott, der die Liebe ist, zu hören bekommt. Ich muss eingestehen, dass auch ich selbst nach dem Gottesdienst mit anderen oftmals über Strukturfragen spreche, anstatt mich über das gehörte Evangelium auszutauschen.

Eine evangelische Theologin sagte in einem Fernsehinterview: »Weil wir Christus nicht mehr bezeugen, nicht mehr Zeugnis von ihm geben als dem auferstandenen Gottessohn, sondern auf unseren Kanzeln nur noch Politik betreiben, laufen uns die Leute in Scharen davon.« Wenn wir nicht wieder anfangen, Jesus beim Namen zu nennen, ihn ins Zentrum stellen, dann ist es wohl bald zu spät. In der Glaubensverkündigung ist die Kirche Westeuropas mittlerweile ein Entwicklungsland geworden. Papst Paul VI. sagte, »dass es die Kirche immer nötig hat, selbst evangelisiert zu werden, wenn sie ihre Lebendigkeit, ihren Schwung und ihre Stärke bewahren will, um das Evangelium zu verkünden«.[143]

Franz-Xaver Kaufmann analysiert, dass »die gegenwärtigen Formen kirchlicher Seelsorge an der nachwachsenden Generationen weitgehend vorbeigehen« und »dass es darauf ankäme, junge Menschen an qualifizierte religiöse Erfahrungen heranzuführen«, und »Aktivitäten mit Erlebniswert, wie z. B. Wallfahrten, gemeinsame Bauprojekte, soziale Engagements« anzubieten.[144] Gerade junge Menschen sollten erfahren, dass der Glaube lebensrelevant ist.

Ich hoffe, dass es in der Kirche ein neues Pfingsten geben wird, ein Fest der Begeisterung, das andere Menschen ansteckt. Beim Zweiten Vatikanischen Konzil haben die Gläubigen begeistert miterlebt, wie die Kirche überzeugende Zukunftsperspektiven entwickelt hat. Leider wollen manche heute wieder Fenster und Türen zumauern. Der Heilige Geist soll gar nicht erst wehen in der Kirche. Sie trauern der Zeit vor dem Konzil nach und merken nicht, dass sie eine Sünde gegen den Heiligen Geist begehen. Die Botschaft Jesu ist wie ein Lauffeuer, das viele entfachen kann. Doch habe ich das Gefühl, dass viele in der Kirche dieses Feuer als ein Kerzenflämmchen einhegen wollen, das nur wenige wärmt. Das Lied »Die Sache Jesu braucht Begeisterte« bringt es auf den Punkt: Es wird Zeit, den Glauben wieder bewusster zu leben und sich für die Botschaft Jesu Christi wieder neu ins Zeug zu legen. Das leise Säuseln in den Kirchenbänken kann zum Sturm werden und ein neues Pfingsten ermöglichen.

Die Kirche steckt in einer Glaubens- und Vertrauenskrise.[145] Das ist nicht gerade anziehend für junge Menschen. Dabei gibt es auch in heutiger Zeit in der Gesellschaft durchaus »Hunger« nach Religion. Auch unter Jugendlichen spüre ich das immer wieder. Allerdings wird die »Nahrung« hierfür kaum mehr in den christlichen Kirchen gesucht. Um eine eigene Spiritualität zu entfalten und zu leben, braucht es die Kirche nicht. Aber ich glaube, dass die Kirche schon viel dazu beigesteuert hat und auch heute noch beisteuern kann, dass gerade junge Menschen ihre Spiritualität finden und leben können.

Doch die Kirche ist mit sich selbst beschäftigt. Sie ächzt unter ungelösten Fragen wie Personalkrise, Status- und Vertrauenskrise, Reformstau.[146] »Hier werden bislang viele wesentliche Reformschritte dogmatisch blockiert. Die als dringend empfundenen Reformvorhaben, die nicht nur eine Frage der Modernität, sondern der Glaubwürdigkeit der Kirche geworden sind, liegen dabei seit Jahrzehnten auf dem Tisch und werden von vielen katholischen Christen angemahnt« (Isolde Karle).[147] Es geht um den Wunsch nach einer realistischen Sexual- und Ehemoral, um die Zulassung zur Eucharistie für wiederverheiratete Geschiedene, um die Stellung der Frau in der Kirche, um den Umgang mit Homosexuellen, um den Pflichtzölibat als Voraussetzung für das Priesteramt und um eine demokratischere Struktur der Kirche. Die Kirche gewinnt ihre Glaubwürdigkeit erst dann zurück, wenn sie die Mahnungen, die sie für andere bereithält, auch selbst umsetzt. Sie steht unter einem besonderen Anspruch, denn durch ihr Fehlverhalten leidet immer auch das Ansehen Jesu Christi.»Deshalb darf es nicht wundern, wenn glitzernde Bankentürme auf keine Nachfrage stoßen, eine 15.000 Euro teure Badewanne im Bischofssitz jedoch Entrüstung erzeugt.«[148]

Indem einige Vertreter der Kirche Missbrauch und andere Schandtaten vertuschten, haben sie die Glaubwürdigkeit der Kirche insgesamt beschädigt. Dies war ein wesentlicher Grund für den Mitgliederschwund in den letzten Jahren. Wenn junge Menschen Meldungen über Missbräuche in der Kirche hören, werden sie abgeschreckt. Denn die Kirche sollte nicht Macht über Menschen ausnutzen und Existenzen zerstören, sondern eine moralische Instanz darstellen, die das Recht des Einzelnen schützt.

Gerade für junge Menschen ist Glaubwürdigkeit ein Knockout-Kriterium. Eine Kirche, deren Strukturen Machtmissbrauch begünstigen, wird zurückgewiesen, wenn sie diese

Strukturen nicht ändert. Mit solch einer Institution möchten sich die Wenigsten identifizieren. Unter Papst Franziskus wurde nun eine Kommission eingesetzt, die Vorschläge zum Schutz von Kindern ausarbeiten soll. Er verfolgt wie zuvor schon Benedikt XVI. eine Null-Toleranz-Politik. Dennoch: Der Schatten über der Kirche bleibt, wenn die Strukturen die gleichen bleiben.

Auch die kirchlichen Positionen, die den Körper und die Sexualität betreffen, müssen überarbeitet werden. Diese Themen sind für junge Menschen sehr wichtig. Sie spielen in ihrem Leben eine unmittelbare Rolle. Interessiert es die Kirche, ob junge Leute die Stimme der Kirche überhaupt noch hören wollen? Oder geht das Lehramt weiterhin seinen Weg, ohne zu fragen, ob seine Aussagen noch lebensrelevant sind? Ist die Kirche ein glaubwürdiger Gesprächspartner in allen Lebensfragen?

Laut der Shell-Jugendstudie aus dem Jahr 2015 sind 75 Prozent der katholischen Jugendlichen der Meinung, dass die Kirche sich ändern und zukunftsfähiger werden muss. Junge Menschen schätzen es, dass die Kirche in der Gesellschaft eine soziale Rolle spielt; aber sie kritisieren, dass die Kirche keine oder nur wenige relevante Antworten auf wichtige Lebensfragen gibt. Damit sich das ändern kann, müssen manche in der Kirche erst einmal lernen und umdenken.

Als ich auf Facebook den Artikel »Kardinal zu Schülern: Pornos und Missbrauch machen homosexuell« gesehen habe, konnte ich nur bestürzt den Kopf schütteln. Da hat doch tatsächlich ein hochrangiger Bischof in einem Gespräch mit deutschen Schülern im Jahr 2016 gesagt, Homosexualität würde durch negative Einflüsse in der kindlichen und jugendlichen Entwicklung entstehen. Schockiert las ich, dass der Kardinal der festen Überzeugung ist, dass »Missbrauch, Vernachlässigung oder Pornografie eine andere Orientierung bewirken können«. Solche Meldungen verbreiten sich durchs Internet schneller, als der Kardinal »Homosexualität« buchstabieren kann. Je nach Aussage findet im Netz dann ein kleiner oder großer Shitstorm statt, der dazu führt, dass Menschen und überwiegend junge Leute sich ein schlechtes Bild von der Kirche machen. Wen wundert's? Den Imageschaden kann die Amtskirche nicht der Presse in die Schuhe schieben. Da muss sie sich schon an die eigene Nase fassen. Und der Glaube an Gott leidet auch darunter, ein Kollateralschaden der Kirche.

Eine 20-jährige Studentin sagte mir: »Die Kirche ist nicht zeitgemäß, weil sie sich nicht verändert. Das ist schade, denn was keine Veränderungen zulässt, kann sich auch nicht weiterentwickeln und über sich hinauswachsen. Wenn die Kirche nicht noch mehr Gläubige verlieren will, muss sie Mut zur Veränderung haben.« Wenn sie sich auf dieses Wagnis einlässt, wird sie auch für die »ämterstrukturelle Anerkennung vorhandener Berufungen und Tätigkeiten« und damit »wider den kirchlichen Suizid« (Ottmar Fuchs) kämpfen.[149] Etwas weniger abstrakt gesagt: Das Priesteramt – und damit die Kirche, wie wir sie kennen – wird nur überleben, wenn auch Männer, die nicht die Berufung zum Zölibat haben, sowie Frauen es ausüben können.

Es gibt keinen triftigen Grund, warum Frauen nicht zu Priesterinnen geweiht werden dürfen. Priester handeln »in persona Christi«, an Christi statt. Christus ist Mensch geworden, »homo factus est«, wie es im Glaubensbekenntnis heißt. In der Bibel lesen wir: »Gott erschuf den Menschen als sein Bild, als Bild Gottes erschuf er ihn. Männlich und weiblich er-

schuf er sie« (Genesis 1,27). Wenn Mann und Frau gleichermaßen Ebenbild Gottes sind, können Mann und Frau (und auch
die, die »männlich und weiblich« sind) den menschgeworde-
nen Gott repräsentieren. Die Kirche aber tut so, als stünde da
»vir factus est«, er sei »Mann geworden« und nur ein Mann
könne ihn darstellen. Dafür gibt es kein anderes Argument, als
dass es in der patriarchal strukturierten Kirche immer so ge-
handhabt wurde. Ich finde, nach 2000 Jahren ist es höchste
Zeit, einen Fehler zuzugeben und zu korrigieren.

Ich sehe in der Jugend Europas ein großes Potenzial, mit
dem die Kirche gestaltet und in die Zukunft getragen werden
kann. Ich wünsche mir, dass ich in 20 oder 30 Jahren nicht
allein in der Kirchenbank sitze. Wobei Kirche natürlich viel
mehr ist als der Sonntagsgottesdienst. Sie soll wieder zu einem
lebenspendenden Kraft-Ort für viele Menschen werden.

Ohne Reformen geht es nicht. Und für alle Reformen gilt,
was Papst Franziskus anlässlich der Medienreform im Vatikan
sagte: »Reform bedeutet nicht, die Dinge ein wenig ›weiß‹ an-
zustreichen‹: Reform bedeutet, den Dingen eine andere Form
zu geben, sie anders zu organisieren. Und das muss mit Klug-
heit, Sanftmut geschehen, aber ... auch – gestattet mir das
Wort – mit ein wenig ›Gewalt‹, aber ... mit guter Gewalt, um
die Dinge zu reformieren.«[150] Das heißt: Wer will, dass Neuerungen gegenüber dem Althergebrachten eine Chance haben,
der muss sie bevorzugen, weil sie sonst von vornherein unter-
gehen.

»Ich träume von einer Kirche, die mehr von Gott redet als
von Moral. Von einem Gott, der den Menschen liebt, ihn aber
gerade auch aus Liebe herausfordert, der befreit, der Zukunft
gibt, jetzt schon im Irdischen, und nicht erst in der Ewigkeit.

Kirche soll nicht so oft ›im Namen Gottes‹ reden, sondern mit allen ihren Gliedern aufmerksam auf ihn hören« (Helmut Krätzl).[151]

Vor allem hoffe ich, dass junge Menschen selbst das Ruder in die Hand nehmen und die Kirche in Richtung Zukunft steuern. Ohne die Jugend, diese Jugend hier und jetzt, wird die Kirche nicht überleben. Die Jugendlichen können die Kirche verändern und zukunftsfähig machen. Aber vorher muss die Kirche diesen jungen Menschen signalisieren, dass ihr an ihnen liegt und dass sie bereit ist, auf sie zuzugehen – aus zwei Gründen: Zum einen gilt den Jugendlichen die Frohe Botschaft ebenso wie allen anderen Menschen und sie haben ein Recht darauf, sie zu hören. Und zum anderen: Die Jugendlichen sind die Zukunft der Kirche. Sie hat keine andere.

Anmerkungen

1 Walter Kasper, Karl Lehmann, Pastorale. Handreichung für den pastoralen Dienst. Die Heilssendung der Kirche in der Gegenwart, Mainz 1970, 24.

2 Statistik des Schweizerischen Pastoralsoziologischen Instituts (SPI): https://spi-sg.ch/wp-content/uploads/2017/03/albisser-j-2017-1-factsheet-kirchenstatistik-d.pdf

3 https://fowid.de/meldung/religionszugehoerigkeiten-deutschland-2016

4 https://diepresse.com/home/panorama/religion/5264108/Religion-in-Oesterreich_Mehr-Konfessionslose-mehr-Muslime

5 Statistik des Schweizerischen Pastoralsoziologischen Instituts (SPI): https://spi-sg.ch/wp-content/uploads/2017/03/albisser-j-2017-1-factsheet-kirchenstatistik-d.pdf

6 Zur »Entchristlichung der Gesellschaft« Thomas Petersen (Institut für Demoskopie Allensbach), Der lange Abschied vom Christentum, in: Frankfurter Allgemeine Zeitung, Nr. 295, 20. Dezember 2017, 10.

7 Peter L. Berger, An die Stelle von Gewissheiten sind Meinungen getreten, in: Frankfurter Allgemeine Zeitung, Nr. 105, 7. Mai 1998, 14.

8 Der Begriff stammt von Johann Baptist Metz, Gotteskrise. Versuch zur »geistigen Situation der Zeit«, in: Diagnosen zur »geistigen Situation der Zeit«, mit Beiträgen von J. B. Metz, Düsseldorf 1994, 76–92.

9 Vgl. Eberhard Tiefensee, Kirche hat eine Stellvertreterfunktion, in: Herder Korrespondenz 70 (2016) 12, 17–21.

10 Joseph Kardinal Ratzinger, Europas Kultur und ihre Krise, Die Zeit vom 20. April 2005, http://www.zeit.de/2005/16/ratzinger_europa

11 Vgl. Charles Taylor, Die Formen des Religiösen in der Gegenwart, Frankfurt a. M. 2002.

12 Wolfgang Huber, Kirche in der Zeitenwende. Gesellschaftlicher Wandel und Erneuerung der Kirche, Gütersloh 1998, 225.

13 https://www.berlin.de/sen/kulteu/religion-und-weltanschauung/

14 Friedrich Wilhelm Graf, Götter global. Wie die Welt zum Supermarkt der Religionen wird, München 2014.

15 Michael N. Ebertz, Erosion der (katholischen) Kirche: Altes flicken oder Neues wagen?, in: Patrick Becker, Ursula Diewald (Hrsg.), Die Zukunft von Religion und Kirche in Deutschland. Perspektiven und Prognosen, Freiburg 2014, 29–47, hier: 45.

16 Kirche und Jugend. Lebenslagen, Begegnungsfelder, Perspektiven. Eine Handreichung des Rates der Evangelischen Kirche in Deutschland, Gütersloh 2010, 28.

17 Bei einer Begegnung mit Jugendlichen in Genua, 17. Mai 2017.

18 Vgl. Patrick Becker, Christliche Jenseitsbotschaft in einer innerweltlich orientierten Gesellschaft, in: Patrick Becker, Ursula Diewald (Hrsg.), Die Zukunft von Religion und Kirche in Deutschland. Perspektiven und Prognosen, Freiburg 2014, 169–178, hier: 175.

19 Karl Rahner, Die anonymen Christen, in: ders., Schriften zur Theologie, Bd. 6, Einsiedeln u. a. 1965, 545–554.

20 http://www.katholisch.de/aktuelles/aktuelle-artikel/bist-du-auch-so-ein-kirchenfuzzi. Ebenso: http://www.katholisch.de/aktuelles/aktuelle-artikel/als-christ-im-abseits-das-sagen-unsere-user

21 Vgl. Alexander Garth, Zweifel hat Gründe. Glaube auch, Holzgerlingen 2014, 21 ff.

22 Prophetisch: Dietrich Bonhoeffer, Widerstand und Ergebung. Briefe und Aufzeichnungen aus der Haft 1933–1945, hrsg. von Eberhard Bethge, München 1963, 231: »Die Inanspruchnahme der mündigen Welt durch Jesus Christus«. Darauf verweist der niederländische Theologe Willem Hendrik van de Pol, Das Ende des konventionellen Christentums, 2. Aufl., Wien 1976, 190.

23 Klassisch: Edward Schillebeeckx, Gott – die Zukunft des Menschen. Aus dem Niederländischen übersetzt von Hugo Zulauf und Heinrich A. Martens, Mainz 1969, 172–174, hier: 172: »Im kirchlichen Leben feiern und lieben die Gläubigen den Gott der Zukunft des Menschen, den Gott, der imstande ist, Unheilsgeschichte in Heilsgeschehen umzuwandeln, in und durch den Glauben, der den erlösenden Gott auf der Welt und in unserer Geschichte anwesend sein lässt« (Hervorhebung im Original).

24 Vgl. Michael Böhnke, Kirche in der Glaubenskrise. Eine pneumatologische Ekklesiologie, Freiburg 2013.

25 Bernhard Meuser, Der verlorene Schlüssel, in: Herder Korrespondenz 71 (2017) 1, 30–32, hier: 30.

26 Vgl. Lumen gentium, Nr. 17: »Diesen feierlichen Auftrag Christi zur Verkündigung der Heilswahrheit hat die Kirche von den Aposteln erhalten und muss ihn erfüllen bis zu den Grenzen der Erde (vgl. Apg 1,8). Daher macht sie sich die Worte des Apostels zu eigen: ›Weh mir, wenn ich die Frohbotschaft nicht verkünde!‹ (1 Kor 9,16).« Ebenso: Gaudium es spes, Nr. 4: »Zur Erfüllung dieses ihres Auftrags obliegt der Kirche allzeit die Pflicht, nach den Zeichen der Zeit zu forschen und sie im Licht des Evangeliums zu deuten. So kann sie dann in einer jeweils einer Generation angemessenen Weise auf die bleibenden Fragen der Menschen nach dem Sinn des gegenwärtigen und des zukünftigen Lebens und nach dem Verhältnis beider zueinander Antwort geben.«

27 Vgl. Renate Köcher (Institut für Demoskopie Allensbach), Nachhut oder Vorhut? Dem Christentum mangelt es an Selbstbewusstsein und Strahlkraft, in: Frankfurter Allgemeine Zeitung Nr. 81, 5. April 1995, 5.

28 Alexander Garth, Zweifel hat Gründe. Glaube auch, Holzgerlingen 2014, 18.

29 Vgl. Karl Gabriel, Alte Probleme und neue Herausforderungen, in: Patrick Becker, Ursula Diewald (Hrsg.), Die Zukunft von Religion und Kirche in Deutschland. Perspektiven und Prognosen, Freiburg 2014, 13–28, hier: 13 f.

30 Kardinal Kurt Koch, Kirche: Wohin gehst du?, Fribourg 1995, 16.

31 Vgl. Daniel Deckers, »Kirche schafft sich ab«, Frankfurter Allgemeine Zeitung, 28. Januar 2017, 1.

32 Malte Lehming, Das Christentum steht vor einer Revolution, in: Der Tagesspiegel vom 15. Januar 2017 http://www.tagesspiegel.de/kultur/ zukunft-der-religion-das-christentum-steht-vor-einer-revolution/19253464.html

33 Vgl. Michael N. Ebertz, Erosion der (katholischen) Kirche: Altes flicken oder Neues wagen?, in: Patrick Becker, Ursula Diewald (Hrsg.), Die Zukunft von Religion und Kirche in Deutschland. Perspektiven und Prognosen, Freiburg 2014, 29–47, hier: 36.

34 http://www.bildungswissenschaftler.de/5000-jahre-kritik-an-jugendlichen-eine-sichere-konstante-in-der-gesellschaft-und-arbeitswelt/ (dort noch viele weitere ähnliche Beispiele).

35 Begriffsprägend: Peter Gross, Die Multioptionsgesellschaft, Frankfurt a. M. 1994.

36 http://www.generation-what.de/#

37 Clauß Peter Sajak, Der Schlüssel ist die Beziehung, in: Herder Korrespondenz 71 (2017) 2, 47–50, hier: 47.

38 Die Bischöfe Felix Genn und Stefan Oster bei der Vorstellung des Vorbereitungsdokuments zur Bischofssynode 2018 am 13. Januar 2017: »Jeder junge Mensch ist zur Fülle der Freude in Christus berufen!« https://www.dbk.de/presse/details/ ?presseid=3306&cHash=530d12e41ff3bc963de5fb6f55b85542

39 Generation X (*1965-1980), Generation Y (*1980-1995), Generation Z (*1995-2010).

40 Oliver Jeges, Generation Maybe hat sich im Entweder-oder verrannt, in: Die Welt vom 23. März 2012 https://www.welt.de/debatte/kommentare/article13939962/Generation-Maybe-hat-sich-im-Entweder-oder-verrannt.html

41 Heidelberger Leben Trendmonitor 2011, herausgegeben von Zukunftsinstitut GmbH im Auftrag der Heidelberger Lebensversicherung AG.

42 Vgl. Dirk Tänzler, Kirche als Ereignis – katholische Jugendverbände und ihr Beitrag, in: Patrick Becker, Ursula Diewald (Hrsg.), Die Zukunft von Religion und Kirche in Deutschland. Perspektiven und Prognosen, Freiburg 2014, 181–189, hier: 186.

43 GEOlino-Kinderwertemonitor 2010.

44 Vgl. Walter Kasper, Karl Lehmann, Pastorale. Handreichung für den pastoralen Dienst. Die Heilssendung der Kirche in der Gegenwart, Mainz 1970, 13 f.: »Nicht so sehr die Frage nach dem Ursprung und Grund, sondern eher die Frage nach der Zukunft bewegt heute die Menschen in erster Linie. Angesichts dieser Zukunft sind sie zwischen Hoffnung und Angst hin und her getrieben (vgl. Pastoralkonstitution Nr. 4). Viele erwarten von der Kirche, dass sie ihnen hilft, in dieser neuen, im Werden begriffenen Welt ein erfülltes, freies, des Menschen würdiges Leben innerhalb einer aller Völker umfassenden Gemeinschaft der Menschen führen zu können (vgl. Pastoralkonstitution Nr. 4; 11).«

45 Sinus-Milieustudie U 27.

46 Wolfgang Huber, Kirche in der Zeitenwende. Gesellschaftlicher Wandel und Erneuerung der Kirche, Gütersloh 1998, 82.

47 Tanja Schnell et al., Mein Glaube, Dein Glaube, kein Glaube – Glaubensformen Jugendlicher und junger Erwachsener, 2004. Online: http://www.sinnforschung.org/wp-content/uploads/2012/10/Glaubensformen.pdf

48 Gregor Krumpholz, Nur noch jeder vierte Berliner ist Christ, in: katholisch.de, 5. Januar 2018 http://www.katholisch.de/aktuelles/aktuelle-artikel/nur-noch-jeder-vierte-berliner-ist-christ

49 GEOlino-Kinderwertemonitor 2010.

50 http://www.du-bist-wertvoll.info/224.

51 Michael N. Ebertz, Jugend und Kirche, Kirche und Jugend. Ein wechselseitig problematisch gewordenes Verhältnis, 2–6, hier: 4. Download: https://www.erzbistum-koeln.de/kultur_und_bildung/schulen/religionsunterricht/zeitschrift_impulse/Jahrgang_2003/Heft_1/03implS2.pdf

52 Kirche und Jugend. Lebenslagen, Begegnungsfelder, Perspektiven. Eine Handreichung des Rats der Evangelischen Kirche in Deutschland (EKD), 2010 Gütersloh, 9.

53 Kurt Koch, Kirche: Wohin gehst du?, Fribourg 1995, 61.

54 Otto Hermann Pesch, Das Zweite Vatikanische Konzil. Vorgeschichte – Verlauf – Ergebnisse Nachgeschichte, 3. Aufl., Würzburg 1994, 74.

55 Helmut Krätzl, Mein Leben für eine Kirche, die den Menschen dient, 2. Aufl., Innsbruck – Wien 2011, 153.

56 Medard Kehl, Kirche in der Fremde. Zum Umgang mit der gegenwärtigen Situation der Kirche, in: Günter Koch / Josef Pretscher (Hrsg.), Wozu Kirche? Wozu Gemeinde? Kirchenvisionen, Würzburg 1994, 40–62, hier: 41 f.

57 Vgl. Dirk Tänzler, Kirche als Ereignis – katholische Jugendverbände und ihr Beitrag. In: Patrick Becker, Ursula Diewald (Hrsg.), Die Zukunft von Religion und Kirche in Deutschland. Perspektiven und Prognosen, Freiburg 2014, 181–189.

58 L'Osservatore Romano (Wochenausgabe in deutscher Sprache), Nr. 32/33, 11. August 2017, 3.

59 L'Osservatore Romano (Wochenausgabe in deutscher Sprache), Nr. 37, 15. September 2017, 6.

60 Dirk Tänzler, Kirche als Ereignis – katholische Jugendverbände und ihr Beitrag, in: Patrick Becker, Ursula Diewald (Hrsg.), Die Zukunft von Religion und Kirche in Deutschland: Perspektiven und Prognosen, Freiburg 2014, 187.

61 Evangelii gaudium, Nr. 223.

62 Ebd., Nr. 129.

63 Ebd., Nr. 31.

64 Ebd., Nr. 129.

65 https://www.katholisches.info/2015/01/kardinal-burke-ueber-die-katholische-maennerkrise-teil-1/

66 81 Prozent der männlichen Teilnehmer waren überzeugt, auch ohne den Glauben an Gott glücklich werden zu können. Bei den weiblichen Teilnehmern waren es nur 77 Prozent.

67 http://www.katholisch.de/aktuelles/dossiers/frauen-und-kirche/ weiblich-fromm-und-religios

68 http://www.katholisch.de/aktuelles/aktuelle-artikel/ was-glaubt-unsere-jugend. Im Vergleich hierzu: 32 Prozent der Protestanten stufen den Glauben an Gott als wichtig ein. Im Jahr 2002 waren es 38 Prozent.

69 Matthäus 6,5: »Wenn ihr betet, macht es nicht wie die Heuchler!«

70 Thomas Jansen, Die Kirche braucht eine Beschwerde-Hotline, 4. Januar 2018, in: http://www.katholisch.de/aktuelles/standpunkt/ die-kirche-braucht-eine-beschwerde-hotline

71 Josef Hochstrasser, Religion lebt von persönlichen Kontakten, in: Neue Zürcher Zeitung, 3. Februar 2018, 10.

72 Dirk Tänzler, Kirche als Ereignis - katholische Jugendverbände und ihr Beitrag, in: Patrick Becker, Ursula Diewald (Hrsg.), Die Zukunft von Religion und Kirche in Deutschland. Perspektiven und Prognosen, Freiburg 2014, 181–189, hier: 185.

73 Vgl. Daniel Deckers, Kirche schafft sich ab, in: Frankfurter Allgemeine Zeitung, 28. Januar 2017, 1.

74 Papst Franziskus bezeichnet sich selbst als Sünder und macht damit deutlich, dass keiner in der Kirche perfekt ist und es niemals sein wird.

75 Prophetisch: Romano Guardini, Das Erwachen der Kirche in der Seele, in: Hochland 19 (1922), 257–267, hier: 257/259: »Die Kirche erwacht in den Seelen der Menschen.«

76 L'Osservatore Romano, Wochenausgabe in deutscher Sprache, Nr. 23, 9. Juni 2017, 9.

77 Vgl. dazu auch: Ottmar Fuchs, Sakramente - immer gratis, nie umsonst, Würzburg 2015, 49–71, hier: 54–56: »Gott selbst erwählt«.

78 Vgl. Christiane Florin, Der Weiberaufstand. Warum Frauen in der katholischen Kirche mehr Macht brauchen, München 2017, 98.

79 L'Osservatore Romano, Wochenausgabe in deutscher Sprache, Nr. 4, 27. Januar 2017, 8.

80 Vgl. dazu Urs Altermatt, Abschied vom katholischen Blockdenken, in: Civitas 30 (1975), 561–590; ders., Katholizismus und Moderne. Zur Sozial- und Mentalitätsgeschichte der Schweizer Katholiken im 19. und 20. Jahrhundert, Zürich 1989, 382 ff., hier: 383: »In den Jahrzehnten nach dem Zweiten Weltkrieg schrumpfte das Milieu zusammen. Der Modernisierungsschub brachte die Katholiken dazu, sich in einem bisher ungeahnten Ausmaß der modernen Gesellschaft anzupassen und Leitvorstellungen der traditionellen katholischen Kultur über Bord zu werfen.« Ähnlich Karl Gabriel, Christentum zwischen Tradition und Postmoderne, 3. Aufl., Freiburg i. Br. u. a. 1994, 165 ff.

81 Psalm 91,11–12: »Denn er befiehlt seinen Engeln, dich zu behüten auf all deinen Wegen. Sie tragen dich auf Händen, damit dein Fuß nicht an einen Stein stößt.«

82 Walter Kasper, Bewahren oder verändern? Zum geschichtlichen Wandel von Glaube und Kirche, in: Ursula Struppe, Josef Weismayer (Hrsg.), Öffnung zum Heute. Die Kirche nach dem Konzil, Innsbruck 1991, 109–132, hier: 131.

83 Vorbereitungsdokument zur Bischofssynode 2018, Januar 2017: https://www.dbk.de/presse/details/?presseid=3306&cHash=530d12e41ff3bc963de5fb6f55b85542. Zum Stellenwert des Dokuments und (eher kritisch) zur Online-Umfrage: Ulrich Riegel, Die Kirche hört zu. Jugendsynode des Vatikans 2018, in: Herder Korrespondenz 71 (2017) 9, 40–43.

84 Thomas Schlag, »Unheilige Jugend«, in: Neue Zürcher Zeitung, 24. Dezember 2016, 13.

85 Vgl. Clauß Peter Sajak, Der Schlüssel ist die Beziehung, in: Herder Korrespondenz 71 (2017) 2, 47–50.

86 »Kostet und seht, wie gut der Herr ist! Selig der Mensch, der zu ihm sich flüchtet!«

87 Vgl. Lumen gentium, Nr. 11.

88 Vgl. Thomas von Mitschke-Collande, Schafft sich die katholische
    Kirche ab? Analysen und Lösungen eines Unternehmensberaters.
    Mit einem Vorwort von Kardinal Karl Lehmann, München 2012, 207–209,
    hier: 209: »Die Zukunft wird entscheiden, inwieweit die junge Gene-
    ration begeistert werden kann, inwieweit die frohe Botschaft zu einem
    Eckpfeiler des Lebens wird.«

89 Vgl. das Vorbereitungsdokument der 15. Ordentlichen Generalver-
    sammlung der Bischofssynode: Die Jugendlichen, der Glaube und die
    Berufungsentscheidung (13. Januar 2017).

90 Vgl. Dirk Tänzler, Kirche als Ereignis – katholische Jugendverbän-
    de und ihr Beitrag. In: Patrick Becker, Ursula Diewald (Hrsg.), Die
    Zukunft von Religion und Kirche in Deutschland. Perspektiven und
    Prognosen, Freiburg 2014, 181–189, hier: 184.

91 Sacrosanctum Concilium, Nr. 10: So »ist die Liturgie der Höhepunkt,
    dem das Tun der Kirche zustrebt, und zugleich die Quelle, aus der all
    ihre Kraft strömt«. Dazu Winfried Haunerland, Culmen et Fons. Zur
    Rezeption einer liturgietheologischen Spitzenaussage, in: Liturgisches
    Jahrbuch 63 (2013), 137–152.

92 http://www.katholisch.de/aktuelles/aktuelle-artikel/
    in-wacken-rockt-sogar-die-kirche

93 Vgl. dazu Erich Garhammer, Und er bewegt sie doch. Wie Papst Fran-
    ziskus Kirche und Welt verändert, Würzburg 2017, 133 ff.

94 http://www.zeit.de/gesellschaft/zeitgeschehen/2015-06/
    evangelische-kirche-pastorin-nadia-bolz-weber

95 Vgl. auch Christian Bauer, Nur die schönste Nebensache der Welt?
    Fußball als theologischer Ort, in: Herder Korrespondenz 71 (2017) 11,
    44–48.

96 Vgl. Ottmar Fuchs, Ihr aber seid ein priesterliches Volk. Ein pastoral-
    theologischer Zwischenruf zu Firmung und Ordination, Ostfildern
    2017.

97 L'Osservatore Romano, Wochenausgabe in deutscher Sprache, Nr. 14,
    7. April 2014. 8.

98 L'Osservatore Romano, Wochenausgabe in deutscher Sprache, Nr. 38, 22. September 2017, 3.

99 Etwa: Zivilgesellschaft und Junge Engagierte in: ZiviZpraxis. Zivilgesellschaft in Zahlen. Zivilgesellschaft Konkret 6/2015: http://www.ehrenamtsbibliothek.de/literatur/pdf_495.pdf S. 1: »Charakteristisch ist, dass das Engagement junger Menschen an ihre alltägliche Lebenssituation anknüpft.« S. 11: »Das heißt, je mehr Gestaltungsfreiraum jugendlichen Engagierten in ihren Kontexten zugestanden wird, desto größer ist ihre Identifikation mit der Tätigkeit und die Bereitschaft, Aufgaben zu übernehmen. Das heißt aber nicht, dass junge Menschen mit schwierigen Aufgaben allein gelassen werden sollen.«

100 Dirk Tänzler, Kirche als Ereignis – katholische Jugendverbände und ihr Beitrag, in: Patrick Becker, Ursula Diewald (Hrsg.), Die Zukunft von Religion und Kirche in Deutschland. Perspektiven und Prognosen, Freiburg 2014, 181–189, hier: 183.

101 Angela Kaupp, Noch Luft nach oben, in: Herder Korrespondenz 71 (2017), 5, 45–46, hier: 45.

102 Konzept – 1. Definition: Kirche als relevanter Lebens-Raum, Jugendkirche Wien, 2: http://media.wien.kjweb.at.s3.amazonaws.com/download/Statuten/65442_kjstatuten_konzeptjugendkirche_stand0111.pdf

103 http://www.katholisch.de/aktuelles/aktuelle-artikel/oster-pladiert-fur-individuelle-katechese

104 L'Osservatore Romano, Wochenausgabe in deutscher Sprache, Nummer 15/16, 14. April 2017, 3.

105 Schreiben von Papst Franziskus an die Jugendlichen zur Vorstellung des Vorbereitungsdokuments der 15. Ordentlichen Generalversammlung der Bischofssynode, 13. Januar 2017.

106 Gaudium et spes, Nr. 1.

107 Erik Flügge, Kommunizieren in der Glaubenskrise, in: Lebendige Seelsorge 67 (2016) 5, 302–306, hier: 302.

108 Vgl. auch Gunda Brüske, Gottesdienst in der Ich-Gesellschaft. Sozio-
logische Standortbestimmung der katholischen Liturgie, in: Herder
Korrespondenz 71 (2017), 7, 45–48, hier: 47: »Die Reputation des
sonntäglichen Gottesdienstes hat in den vergangenen Jahren sehr ge-
litten.«

109 Christ in der Gegenwart Nr. 47/2017, 520.

110 Noch immer wegweisend: Romano Guardini, Liturgie und liturgische
Bildung, 2. Aufl., unveränderter Nachdruck der 1. Aufl., Mainz u. a.
1992. Vgl. auch Albert Gerhards, Universalität und Partikularität.
Zum Stand der liturgischen Erneuerung. 50 Jahre nach Sacrosantum
Concilium, in: Dirk Ansorge (Hrsg.), Das Zweite Vatikanische Konzil.
Impulse und Perspektiven, Münster 2013, 349–374, hier: 370: »Inno-
vationsschub der Liturgischen Bewegung (hält) immer noch Innova-
tionen bereit.«

111 Vgl. Michael N. Ebertz, Erosion der (katholischen) Kirche: Altes flicken
oder Neues wagen?, in: Patrick Becker, Ursula Diewald (Hrsg.), Die
Zukunft von Religion und Kirche in Deutschland. Perspektiven und
Prognosen, Freiburg 2014, 29–47.

112 Sacrosanctum Concilium, Nr. 52.

113 Otto Hermann Pesch, Das Zweite Vatikanische Konzil (1962–1965).
Vorgeschichte, Verlauf - Ergebnisse, Nachgeschichte, 3. Aufl.,
Würzburg 1994, 361: »Öffnung zur säkularen Welt«. Ebenso Walter
Kardinal Kasper, Katholische Kirche. Wesen - Wirklichkeit - Sen-
dung, 4. Aufl., Freiburg i. Br. 2011, 31 f.; Michael Sievernich, Kirche im
Kontext. Der pastorale Grundzug des Zweiten Vatikanischen Konzils,
in: Dirk Ansorge (Hrsg.), Das Zweite Vatikanische Konzil. Impulse und
Perspektiven, Münster 2013, 1–22, hier: 1: »nicht nur ein kirchen-
internes, sondern auch ein mediales Weltereignis«. Aus kirchenso-
ziologischer Sicht Franz-Xaver Kaufmann, Das Zweite Vatikanische
Konzil als Modernisierung des Katholizismus (1996), in: ders., Kirche
in der ambivalenten Moderne, Freiburg u. a., 2012, 87–104, hier: 99:
»Die Neuscholastik verschwand als Grundlage des theologischen Denkens unter überraschend geringen Widerständen, und der Anspruch
eines kirchlich interpretierbaren Naturrechtes wurde zugunsten

einer allgemeinen Orientierung an den allgemeinen Menschenrechten aufgegeben. Die fundamentalste Wende gegenüber dem Kirchenverständnis des 19. Jahrhunderts wird am deutlichsten dort, wo beide – das Kirchenverständnis und die Menschenrechte – sich treffen, in der Erklärung über die Religionsfreiheit Dignitatis humanae.«

114 Franz-Josef Overbeck, Ambivalenz und Gradualität. Wie die Kirche kommunizieren muss, in: Herder Korrespondenz 70 (2016) 11, 33–34, hier: 33.

115 Ebd.

116 L'Osservatore Romano, Wochenausgabe in deutscher Sprache, Nr. 19, 12. Mai 2017, 3.

117 Papst Franziskus, Botschaft zum 48. Tag der Sozialen Kommunikationsmittel.

118 Klassisch: Friedrich D. E. Schleiermacher, Der christliche Glaube, 1821/22, 2 Bde., hrsg. von Martin Redeker, 7. Aufl., Berlin 1960, Bd. 1., § 4, 23: Bestimmung der Religion als »Gefühl schlechthinniger Abhängigkeit«. Zur theologiegeschichtlichen Verortung Wolfhart Pannenberg, Problemgeschichte der neueren evangelischen Theologie in Deutschland, Göttingen 1997, 69: »Dieser Entwurf ist in seiner Weise klassisch zu nennen, und obwohl die ganz folgende Geschichte evangelischer Theologie im 19. Jahrhundert sich auf der Basis ähnlicher subjekttheoretischer Begründungen des Glaubens entwickelt hat, gibt es doch kaum ein an Originalität mit Schleiermacher vergleichbares Modell einer derartigen Begründung.« Vgl. auch Jean Grondin, Die Philosophie der Religion, Tübingen 2012, 121.

119 Vgl. Eberhard Jüngel, Das Evangelium von der Rechtfertigung des Gottlosen als Zentrum des christlichen Glaubens, Tübingen 1998, 38 f.

120 Studie »Religiöse Gemeinschaften in der Schweiz« von Jörg Stolz, Mark Alan Chaves, Christophe Monnot, Laurent Amiotte-Suchet: http://www.snf.ch/SiteCollectionDocuments/nfp/nfp58/NFP58_SS25_Stolz2_DE.pdf

121 L'Osservatore Romano, Wochenausgabe in deutscher Sprache, Nr. 51/52, 23. Dezember 2016, 12.

122 Leonardo Boff, Gott kommt früher als der Missionar. Neuevangelisierung für eine Kultur des Lebens und der Freiheit, Düsseldorf 1991, 84.

123 Vgl. Helmut Krätzl, Mein Leben für eine Kirche, die den Menschen dient. Innsbruck - Wien, 2. Aufl. 2011, 156.

124 Michael White, Tom Corcoran, Die Geschichte einer katholischen Pfarre. Rebuilt. Gläubige aufrütteln. Verlorene erreichen. Kirche eine Bedeutung geben, Graz 2016, 114.

125 Vgl. Joseph Ratzinger, Der Geist der Liturgie, Freiburg i. Br. 2000, 117-134, Zitate 128-131.

126 Mission Manifest: https://www.missionmanifest.online/. Kritisch hierzu: Erik Flügge, Kirchenschließung: Gott sei Dank! In: https://www.katholisch.de/aktuelles/aktuelle-artikel/kirchenschlieung-gott-sei-dank. Ebenso: https://www.kath.ch/newsd/alles-nur-eine-frage-der-interpretation/# Auch: www.feinschwarz.net/mission-und-mission-manifest/

127 Kirche und Jugend. Lebenslagen, Begegnungsfelder, Perspektiven. Eine Handreichung des Rats der Evangelischen Kirche in Deutschland (EKD), Gütersloh 2010, 48.

128 Vgl. Johannes Grössl, Wie viel »Mehr« braucht die Kirche?, in: Herder Korrespondenz 71 (2017) 3, 29-31, hier: 31.

129 Reinhard Hempelmann, Evangelikale und die Reformation, in: Herder Korrespondenz 70 (2016) 10, 21-24, hier: 24.

130 Vgl. Charles Taylor, Die Formen des Religiösen in der Gegenwart, Frankfurt am Main 2002, 37: »Nach manchen Schätzungen ist das evangelikale Christentum die am schnellsten wachsende Form des religiösen Lebens, schneller noch oder gleich schnell wie der Islam - was umso bemerkenswerter ist, als dieses Wachstum größtenteils auf Bekehrungen zurückgeht, während das des Islams hauptsächlich durch natürliches Bevölkerungswachstum zustande kommt.«

131 Marcia Pally, The New Evangelicals. Expanding the Vision oft the Common Good, Grand Rapids 2011.

132 Treffende Analyse: Detlef Pollack, Religion und gesellschaftliche Differenzierung. Studien zum religiösen Wandel in Europa und den USA III, Tübingen 2016, 289–292, hier: 290: »Dem Mann als dem Familienoberhaupt kommt die Führungsrolle zu; die Frau ist die dienende, die dem Mann in seiner schweren Arbeit hilft, die die Kinder erzieht, kocht und dem Mann ein behagliches Heim beschert, aber kaum eine Rolle in der Öffentlichkeit spielt.«

133 Vgl. Reinhard Hempelmann, Evangelikale und die Reformation, in: Herder Korrespondenz 70 (2016) 10, 21–24.

134 Vgl. Donald E. Miller, Reinventing American Protestantism. Christianity in the New Millennium, Berkeley u. a. 1997.

135 Vgl. Donald E. Miller, Richard Flory, Kimon Sargeant (Hrsg.), Spirit and Power. *Growth and Global Impact of Pentecostalism, New York 2013.*

136 http://www.faz.net/aktuell/gesellschaft/yoido-full-gospel-church-die-groesste-kirchengemeinde-der-welt-1408357.html

137 Vgl. Michael White, Tom Corcoran, Die Geschichte einer katholischen Pfarre. Rebuilt. Gläubige aufrütteln. Verlorene erreichen. Kirche eine Bedeutung geben, Graz 2016, 110. Ebenso: Sacrosanctum Concilium, Nr. 119: »Da die Völker mancher Länder, besonders in der Mission, eine eigene Musiküberlieferung besitzen, die in ihrem religiösen und sozialen Leben große Bedeutung hat, soll dieser Musik gebührende Wertschätzung entgegengebracht und angemessener Raum gewährt werden, und zwar sowohl bei der Formung des religiösen Sinnes dieser Völker als auch bei der Anpassung der Liturgie an ihre Eigenart.«

138 Pastoralbesuch in Genua, 27. Mai 2017.

139 Apostolisches Schreiben »Gaudete et exsultate« (2018), Nr. 96.

140 Ebd., Nr. 14.

141 Vgl. Doris Wagner, Nicht mehr ich. Die wahre Geschichte einer jungen Ordensfrau, Wien 2014.

142 Johann Hinrich Claussen, Das Christentum hat ein Darstellungsproblem, in: Herder Korrespondenz 70 (2016) 10, 53–56, hier: 56.

143 Evangelii nuntiandi, Nr. 15.

144 Franz-Xaver Kaufmann, Wie überlebt das Christentum?, Freiburg 2000, 125 f.

145 In einer Studie des Meinungsforschungsinstituts forsa für die Fernseh-sender RTL und ntv belegt die katholische Kirche unter 26 »nicht-po-litischen Institutionen« nur Rang 18. Mit 27 Prozent verbesserte sie sich im Vergleich zum Vorjahr jedoch um einen Prozentpunkt: https://www.presseportal.de/pm/72183/3828545

146 Vgl. Benedikt Jürgens, Mehr als bunte Bilder und flotte Sprache, in: Herder Korrespondenz 71 (2017) 1, 23-26.

147 Isolde Karle, Sinn für unlösbare Fragen, in: Patrick Becker, Ursula Diewald (Hrsg.), Die Zukunft von Religion und Kirche in Deutschland. Perspektiven und Prognosen, Freiburg 2014, 111-119, hier: 114.

148 Patrick Becker, Christliche Jenseitsbotschaft in einer innerweltlich orientierten Gesellschaft, in: Patrick Becker, Ursula Diewald (Hrsg.), Die Zukunft von Religion und Kirche in Deutschland. Perspektiven und Prognosen, Freiburg 2014, 169-178, hier: 177.

149 Ottmar Fuchs, Einige Richtungsanzeigen für die Pastoral der Zukunft, in: Theologisch-Praktische Quartalschrift 153 (2005), 227-239, hier: 237 f. Jüngst ders., »Ihr aber seid ein priesterliches Volk«. Ein pasto-raltheologischer Zwischenruf zu Firmung und Ordination, Ostfildern 2017.

150 L'Osservatore Romano, Wochenausgabe in deutscher Sprache, Nr. 19, 12. Mai 2017, 3.

151 Helmut Krätzl, Mein Leben für eine Kirche, die den Menschen dient. Innsbruck/Wien, 2. Aufl. 2011, 197.

Jacqueline Straub ist 1990 in Süddeutschland geboren. Seit ihrer Jugend möchte sie römisch-katholische Priesterin werden. Nach dem Abitur studierte sie katholische Theologie in Freiburg i. Br. und Fribourg (Schweiz). Ihren Master in katholischer Theologie schloss sie an der Universität Luzern ab. Danach arbeitete sie ein Jahr in einer Pfarrei und nebenher als freie Journalistin für verschiedene Zeitschriften. Nun ist sie als TV-Redakteurin in der Nähe von Zürich tätig. Sie ist verheiratet; in ihrer Freizeit boxt sie.

jacqueline-straub.de